# 霍布斯邦看21世紀
## 全球化民主與恐怖主義

艾瑞克·霍布斯邦 著
吳莉君 譯

Globalisation,
Democracy and Terrorism

By Eric J. Hobsbawm

## 【作者簡介】

### 艾瑞克·霍布斯邦（Eric J. Hobsbawm）

一九一七年霍布斯邦出生於埃及亞歷山大城的猶太中產家庭。父親是一名移居英國的俄國猶太後裔，母親則來自哈布斯堡王朝治下的中歐。一九一九年霍布斯邦舉家遷往維也納，一九三一年遷居柏林，不論維也納或是柏林都屬於戰敗的一方。在那動蕩的時代裡，有人選擇法西斯，青年霍布斯邦則選擇了共產主義。一九三三年因希特勒掌權而轉赴英國，完成中學教育，並進入劍橋大學學歷史。在校期間，霍布斯邦與威廉斯（Raymond Williams）、湯普森（Edward Palmer Thompson）等交往甚密；一九五二麥卡錫白色恐怖氣焰正盛之時，更與希爾（Christopher Hill）等人創辦著名的新左史學期刊《過去與現在》（*Past and Present*）。

霍布斯邦在一九三六年加入共產黨，一九四六年進入「共產黨歷史學家小組」，馬克思思想成為他終身奉行的價值。對於霍布斯邦來說，「黨」（Party）這個字的「P」具有大寫般的重要地位，甚至想像不出如何跟非黨員交往戀愛。雖然馬克思主義的政治背景令他教職生涯進展艱辛，卻使他與國際社會間有更廣泛的接觸經驗及更多的研究機會，從而建立了他在國際上的崇高聲譽。

一九四七年成為倫敦大學伯貝克學院講師，一九五九年升任高級講師，一九七八年取得該校經濟及社會史教授職銜，迄至一九八二年退休。之後大部分時間任教於美國紐約社會研究新學院，是該校政治及社會史榮譽教授。二〇一二年病逝於英國倫敦。

霍布斯邦的學術研究以十九世紀為主，並延伸及十七、十八和二十世紀；研究的地區則從英國、歐洲，廣至拉丁美洲。除了專業領域外，霍布斯邦也經常撰寫當代政治、社會評論、歷史學、社會學理論，以及藝術、文化批評等。他在勞工運動、農民叛變和世界史範疇中的研究成果，堪稱當代史家的頂尖之流，影響學界甚鉅，迄今無人能出其右；而其宏觀通暢的寫作風格，更將敘述史學的魅力擴及至一般平民大眾。

## 【譯者簡介】

吳莉君

國立台灣師範大學歷史系畢業，譯有《觀看的方式》、《我們在此相遇》、《留住一切親愛的》、《建築的法則》、《婚禮之途》等。任職出版社多年，現為自由工作者。

目次

# 作者序

二十世紀是人類歷史上最極端的一個時代，因為它結合了前所未有的人類大災難以及豐盈富足的物質進步，而我們改變這座星球的能力，或說摧毀這座星球的能力，也在與日俱增，並不知伊于胡底——甚至已漫透到這座星球之外。我們該如何回顧這個「極端的年代」，或說，我們該如何前瞻從這個極端舊時代中孕生出來的新紀元？收錄在本書中的文章，是一位站在第三個千禧年開端的歷史學家，試圖去考察、分析和理解這個世界的情況，以及今日我們所面對的主要政治課題。這些文章同時也是對我先前某些作品的增補和更新，特別是我的「二十世紀短史」《極端的年代》（*Age of Extremes*），我與薄利托（Antonio Polito）的對談《新世紀》（*The New Century*），以及《民族與民族主義》（*Nations and Nationalism*）。這樣的嘗試是必要的。歷史學家能為這項工作貢獻什麼呢？他們的主要功能，除了記住其他人已經忘記或想要忘記的事情之外，就是盡可能從當代的紀錄中後退，以更寬廣的脈絡且更長遠的視野去觀看與理解。

在這本以政治議題為主的研究集中，我選擇將焦點放在五個特別需要今日的我們去釐清思考的領域：一、「戰爭與和平」這個大問題在二十一世紀的發展；二、世界帝國的過去與未來；三、民族主義的本質和變化脈絡；四、自由民主的前景；以及五、政治暴力與恐怖主義。上演這五大問題的世界場景，由兩項緊密相關的發展所主導：一是人類藉由科技和經濟活動來改變地球的能力變得無比巨大且持續加速；二是全球化。不幸的是，這兩大發展中的第一項，到目前為止並未對政治決策者造成重大衝擊。各國政府的施政目標，依舊是盡可能提高經濟成長，對於全球暖化的危機，政府並未提出任何實際有效的因應步驟。另一方面，自一九六〇年代以來不斷加速的全球化——也就是把世界當成互聯活動的單一單位，不受在地疆界的阻礙——對政治和文化造成深遠衝擊，尤其是在當前這種不受控制的全球性自由市場的主導形式之下。本書收錄的文章並未特別討論全球化的課題，主要是因為在人類的各種活動中，政治是實際上較未受到全球化影響的領域之一。瑞士KOF經濟研究院曾對全球化做了一些有點含糊的量化工作，在該單位出版的全球化索引中（二〇〇七年），很容易找到與經濟和資訊流動、個人接觸或文化擴散相關的詞條——例如，麥當勞和宜家家居的平均數量——但是在「政治全球化」這方面，除了一個國家的大使館數量、參與國際組織的會員資格，以及參與聯合國安理會任務的次數之外，該機構想不出其他更好的統計指標。

有關全球化的通盤討論或許超出了本書的範圍，但是有三項與全球化有關的整體觀察，卻和本書的論題緊密扣連。

首先，當前蔚為時尚的自由市場全球化，在國內和國際之間造成非常嚴重的經濟和社會不平等。而且沒有跡象顯示，雖然極貧的狀況一般已有改善，這種兩極化的情形不會在國家內部持續下去。這種快速竄升的不平等現象，已經變成這個新世紀社會和政治緊張的主要根源，特別是碰到經濟極端不穩定的時候，例如全球自由市場在一九九〇年代所導致的那些現象。亞洲新興經濟體的竄起已經對國際間的不平等造成壓力，不僅威脅到北方舊世界人民相對驚人的生活標準，對諸如印度和中國這類人口龐大、實際上絕無可能達到任何類似標準的國家亦然，只要這樣的壓力存在一天，就會產生它自身帶來的國內和國際性緊張。

其次，對全球化衝擊感受最強烈的，是那些從中獲益最少的人。因此，可以從全球化的負面效應中得到庇蔭的一方——可以把成本「外包」（out-source）給勞力廉價國家的企業家，可以在任何高收入市場經濟中取得工作的高科技專業人士和高等教育畢業生——與無法得到好處的一方，對於全球化的看法就越來越兩極化。正因如此，對古老「已開發國家」中大多數靠薪水和工資維生的人而言，二十一世紀初帶給他們的，若稱不上是災難性的前景，至少也是個棘手的未來。全球化自由市場已經侵蝕了政府和福利體系保護他們生活方式的能力。在全球經濟中，他們必須與境外的男女競爭，那些人和他們擁有同樣的資格，卻只要他們薪水袋的一小角就可以雇用；在國內，他們所面對的全球化壓力是馬克思所謂的「勞力儲備大軍」，而這支大軍指的是來自全球廣大貧困鄉村的移民。諸如這樣的情勢，當然不可能許諾一個政治和社會穩定的時代。

第三，儘管全球化的真實規模還算溫和，也許除了幾個大體說來面積較小的國家，主要在歐洲，但它激起的政治和文化衝擊卻大到不成比例。因此，在西方大多數的已開發經濟體中，移民都是最主要的政治問題，雖然居住在第一世界的非本國出生人口，實際上並沒超過百分之三。在二〇〇七年KOF所做的經濟全球化排名中，美國居第三十九，德國第四十，中國第五十五，巴西第六十，南韓第六十二，日本第六十七，印度第一〇五，不過上述國家除巴西外，其他在「社會全球化」的排名中都略高（英國是唯一一個在經濟全球化和社會全球化排名中都位居前十名的主要經濟國）[1]。也許這是一種歷史性的短暫現象，也許不是，但無論如何，短期之內這種不成比例的衝擊，仍然會對國內和國際性政治帶來嚴重後果。我預測在未來的一、二十年內，政治抵抗——未必是恢復正式的貿易保護主義政策——將會以某種方式減緩自由市場全球化的速度。

我希望，書中討論戰爭、霸權、帝國和帝國主義、民族主義現況，以及公共暴力與恐怖主義等篇章，無須進一步說明，讀者就能領略理解。我希望那兩篇討論民主的文章也能如此，因為我意識到，試圖點出西方通俗政治論述中最神聖的母牛之一其實並不如眾人想像的那般豐乳多汁，是一項極富爭議性的做法。在今日的西方政治論述中，有關民主的種種論點——特別是把某些神奇的特質歸派給由多數選民在幾個敵對政黨中選舉出來的政府——比起任何言論或政治概念，都更是無聊且無謂的廢話胡扯。在晚近的美國修辭學中，「民主」一字已經完全脫離現實。我的這兩篇文章想透

1 作者註：這項排名乃根據二〇〇四年的數據。

過理性和常識來冷卻這股熱潮，希望能對這項必要的工作做出小小貢獻，雖然如此，我仍堅定支持為人民——所有人民，無論富者或窮者，賢者或愚者，通曉者或無知者——服務的政府，以及得到人民參與和同意的政府。

收錄在本書中的文章都做過必要的修訂與更新，它們最初大多數是針對不同聽眾所進行的講演，試圖說明或解釋這個世界（或這個世界的大部分地區）今日所處的情勢。這些文章或許有助於指出我們在這個新世紀初所面臨的一些問題，但並未提出建議綱領或實際解決方案。這些文章寫於二〇〇〇年到二〇〇六年間，並因而反映了那段時期人們特別關注的一些課題，其中最主要的是美國政府於二〇〇一年決定建立單手支撐的世界霸權，廢除行之有年的國際慣例，認為自己有權利在任何喜歡的時刻發動侵略戰爭或其他軍事行動，並真的如此行動。既然伊拉克戰爭已完全失敗，我們便無須去證明這項計畫有多不切實際，而我們是否該讓它持續下去這個問題，更完全是一種學院式的討論。總之，有一點很清楚，讀者也應該牢記在心，那就是，我對這項計畫乃抱持深刻的批判態度。這有部分來自於本人堅定而無可動搖的政治信念，包括對帝國主義的敵視，不論那些強權如何吹噓他們的征服行動為受害者帶來多少好處，或白人自以為是的優越性為其他有色民族做了多好的安排。這項批判同樣也基於合理可信的懷疑——懷疑政府和統治者那種妄自尊大的職業病，相信自己擁有無可限制的權力和成功。

大多數為美國二〇〇一年以後的行動進行辯解的論述或謊言，不論出自英美政治人物、支薪或不支薪的辯士、修辭家、公關代表、遊說團體和業餘意識形態家，都再也無須浪費我們的時間。不過，有人曾提出一種比較不那麼聲名狼藉的說法，不是專為伊拉克戰爭辯護，而是做為一種普遍性的主張，那就是：在一個全球日漸野蠻、暴力和失序的時代，為了保護或建立人權，跨國界的武力干預是合理正當的，有時甚至是必須的。對某些人來說，這意味著世界帝國霸權是可取的，特別是由美國這個唯一有能力建立這種帝國的國家來執行。這種或許可稱之為人權帝國主義的論點，是在共產國家南斯拉夫瓦解導致巴爾幹半島衝突升高，特別是波士尼亞戰亂正熾期間，進入到公共討論領域。支持該項論點的人似乎認為，唯有外界的武力干預才有辦法終止永無止境的相互屠殺，而美國是唯一有能力及意願去使用這類武力的國家。由於美國在該區毫無特殊的歷史、政治或經濟利益，使得它的干預讓人更加欽佩，且看起來特別無私。關於這點，在書裡的文章中有詳細討論。雖然我在文章裡已提到反對這項論點的理由，特別是在〈民主的擴張〉一文中，不過在此我願提出幾項額外的觀察。

認為強權國家在追求其國際政策的同時也可能會做出一些對捍衛人權有益的事，基本上是有問題的，它們或許會意識到這麼做的宣傳價值，但這類價值對它們的目的而言，是非常非常附帶性的，今日，只要它們認為有必要，就會以極其殘忍的野蠻手段去獵捕自己的目的，這就是二十世紀留給我們的遺產。對那些把偉大的人類目標當成核心價值的人而言，他們和任何國家的關係都可以是某種特殊的聯盟或對立，絕不會是永久認同。即便有非常罕見的、真心追求傳播其普世使命的新興革命國家——例如一七九二年後的法國、一九一七年後的俄羅斯，但不包括喬治・華盛頓時代採行孤立主義的美國——也總是壽命不長。任何國家的預設立場，都是追求自身的利益。

除此之外，支持以武力干預他國事務的人道主義，是建立在以下三種假設之上：一、當代世界可能發生不可容忍的情況，通常是大屠殺甚至是種族滅絕；二、沒有其他可能的解決方式；三、這樣做的好處明顯超過代價。這三項假設在某些時候都有其正當性，但是，如同有關伊拉克和伊朗的辯論所顯示的，究竟要具備哪些條件才能稱之為「不可容忍的情況」，幾乎很難取得普世同意的答案。也許下面這兩個案例大家可以取得一致的共識，認為干預是正當的：一是越南入侵柬埔寨，終結了令人髮指的波布政權的「殺戮戰場」（一九七八年）[2]；二是坦尚尼亞摧毀了阿敏在烏干達的恐怖政權（一九七九年）[3]。（當然，並非所有快速而成功的外國軍事干預，都能在當地的危機情勢中產生如此令人滿意的結果——比較令人質疑的案例包括賴比瑞亞和東帝汶。）兩者皆由短暫入侵所達成，並產生立竿見影的效果和某種持續性的改善，但兩者都無意廢止已經確立的國際外交原則，亦即不干預主權國家的內政事務。附帶一提，這兩項干預事件都不具有帝國主義的意含，也和更廣泛的世界政治無關。事實上，美國和中國還是繼續支持被罷黜的波布。這樣的特殊干預事件，和可以容忍由美國建立世界霸權，根本風牛馬不相及。

2 譯註：波布（Pol Pot）為柬埔寨赤棉領導人，一九七五年取得政權後，以殘暴手段進行統治，造成一百多萬人死於非命。波布在外交上採取與越南敵對的政策，導致越南與反波布的游擊隊結合，於一九七八年派兵越過邊界，一九七九年初攻佔首都金邊，並扶植親越的赤棉分子成立柬埔寨人民共和國。一九八四年的電影《殺戮戰場》（*The Killing Fields*），就是描述赤棉統治下可怕的屠戮。

3 譯註：阿敏（Idi Amin）為烏干達的軍事獨裁者，一九七一年取得政權後，肆意進行政治壓迫、種族驅離和非法屠殺，據估計，在其統治期間的死亡人數約有五十萬人，並導致大量難民逃至鄰國坦尚尼亞。阿敏除了在境內以殘酷手段對付異議分子，一九七八年還試圖併吞坦尚尼亞的一省，導致坦尚尼亞與烏干達發動戰爭，並於一九七九年推翻阿敏政權，阿敏本人逃亡至賴比瑞亞，二〇〇三年死於沙烏地阿拉伯。

而且，這也不是近年來軍事干預的做法，近年來的干預都是有選擇性的，干預者絕對不會去碰觸就人道主義標準而言最惡劣的殘暴個案，像是中非洲的種族滅絕。在一九九〇年代的巴爾幹事件中，人道主義的關懷當然是一項重要因素，但並非唯一因素。以波士尼亞的情況來說，外界的干預或許有助於提早結束當地的血腥殺戮（雖然反對派始終不以為然），比起讓塞爾維亞人、克羅埃西亞人和波士尼亞穆斯林彼此殘殺到最後要來得好，但不可否認的是，該地區直到今天依然動盪不安。至於一九九九年的科索夫事件（一支由阿爾巴尼亞民族主義者所組成的極端主義少數團體，在科索夫發動叛亂並對抗塞爾維亞人所引發的流血衝突），我們不禁要問：武力干預真的是唯一的解決之道嗎？而塞爾維亞人最後之所以放棄強硬不妥協的態度，究竟是因為外國的武力威脅奏效，還是因為俄羅斯的外交政策成功？對於這兩個問題，答案並不清楚。這個案例的人道主義基礎比波士尼亞的情況令人質疑，除了戰爭本身和長達數月對塞爾維亞執行毀滅性轟炸所造成的平民傷亡之外，還因此激怒了塞爾維亞人大規模驅逐境內的科索夫阿爾巴尼亞人，結果似乎使人道主義的情況更加惡化，而塞爾維亞人和阿爾巴尼亞人之間的關係也未能因此穩定下來。不過，最起碼，巴爾幹半島的軍事干預相當快速，也發揮了短期的決定性效果，儘管到目前為止，也許除了克羅埃西亞人之外，沒人有理由對結果感到滿意。

另一方面，美國從二〇〇一年開始發動的阿富汗和伊拉克戰爭，雖然因為美國推翻了幾個聲名狼藉的政權而在人道主義的輿論上具有某種正當性，然而其背後根本不具備任何人道主義的考量。若不是因為九一一事件，即便是美國，也不會認為這兩個國家的情況不可忍受到必須立刻發動侵略。阿富汗戰爭被其他國家以老派的「現實主義」理由加以接受，伊拉克戰爭則幾乎遭到普遍譴責。雖然美國很快就推翻了塔里班和海珊政權，但這兩場戰爭都沒得到勝利，而其目的當然也絕非對外宣稱的：建立西方價值的民主政權，以做為該區其他尚未民主化之社會的明燈。這兩場戰爭，尤其是慘絕人寰的伊拉克戰爭，不但牽延甚廣、死傷慘重、血腥遍地，甚至直到筆者書寫的此刻，仍看不出任何結束的徵兆。

在這所有的案例中，武裝干預都來自外國，同時夾帶著優越無比的軍事權力和資源。直到目前為止，其中沒有任何一件產生了穩定的解決方案。在所有相關國家中，外國的軍事佔領和政治監管依然持續。最好的情況是——當然不會是阿富汗和伊拉克——武裝干預終止了血腥戰爭並帶來了某種和平，但並未產生令人滿意的積極結果，就像巴爾幹半島的案例所顯示的。最糟的則是讓局勢變得比之前更加惡劣，例如伊拉克，我想沒有任何人會認為當地人民的處境已糟到無以復加，解放他們只不過是冠冕堂皇的戰爭藉口。在近來以軍事力量干預外國事務的紀錄中，即便干預者是世界超強，也沒有任何一次是成功的。

失敗的原因，有部分和下列假設有關，這項假設也是支撐人權帝國主義的一股重要力量，那就是：野蠻和暴虐的政權對於內部變革具有免疫力，因此只能依靠外部力量將之終結，然後把自己的價值和政治或法律機制傳播進去。這項假設是承襲自冷戰戰士抨擊「極權主義」的那段時日。但既然蘇聯已經瓦解，這類假設就不該存在了，又或者，在一九八〇年代之後，我們看到亞洲和南美許多聲名狼藉的集權和軍事獨裁政權，相繼出現了明顯的內部民主化過程，證明這類假設已經無法成立。這類假設也是建立在這樣的信念之上，亦即軍事行動可以立時帶來重大的文化轉變。但事實並非如此。價值和機制的擴散，很少是由突然性的外來迫力所造成，除非當地早已存在可以接受這些價值機制或可以接受它們引入的條件。民主、西方價值和人權並不像某些科技輸入品，例如和平的腳踏車和屠戮的 AK-47 攻擊步槍，或諸如機場之類的技術服務，其作用立即又明顯，而且只要負擔得起又懂得怎麼使用的人，都可以用同樣的方式採用。如果真可如此，那麼全都生活在（理論上）類似的民主架構之下的歐洲、亞洲和非洲無數國家之間的政治相似性，就應該更高才對。簡言之，歷史很少有捷徑——這是筆者學到的一課，很多是來自於活過上個世紀的經驗，以及對它所做的深刻反省。

最後，感謝以下單位提供本書論文首次發表的機會。第一章是根據諾貝爾和平獎一百週年研討會（奧斯陸，二〇〇一）的論文修訂而成；第二章是應《印度書評》（*Indian Review of Books*）之邀，在德里查克拉瓦特紀念講座（Nikhil Chakravarty Memorial Lecture）發表的演說；第三章是二〇〇五年哈佛大學梅西講座（Massey Lecture）的內容；第四章是二〇〇四年在希臘薩塞羅尼基（Thessaloniki）大學接受榮譽學位時發表的就任演說；第五章是二〇〇四年為德文版《民族與民族主義》（*Nations and Nationalism*, Campus Verlag, Frankfurt）所寫的新版序；第六章最初是二〇〇〇年於詩人會社講座（Athenaeum Lecture）發表的演說；第七章是收錄在《外交政策》（*Foreign Policy*）上的一篇文章，主題為：「世界最危險的想法」（二〇〇四年九／十月）；第八章是比較久遠的作品，為一九九〇年代早期在紐約哥倫比亞大學針對恐怖行動所發表的研討論文；第九章是二〇〇六年在伯貝克學院發表的公開演講，屬於「暴力」系列演講的一部分；第十章是二〇〇三年為法國《世界外交論衡月刊》（*Le Monde Diplomatique*）所寫的專文。我同時也要感謝不厭其煩聽我講述並與我討論的同僚，尤其是那些位於新德里、哈佛和紐約的朋友。身為一名專業作家，我也要感謝我的義大利出版者，他們首次提議可以出一本論文集，把這些主題一貫的文章收錄成一本小書，也要感謝杭特（Bruce Hunter）和柯列茲（Ania Corless）說服了我和其他出版者將此想法付諸實踐。

另一方面，由於書中收錄的文章主要是在不同場合發表的演說，對於其中不可避免的重複，我應在此致歉。我刪除了某些重複之處，但若全部刪除，勢必會傷害到每篇文章各自的連貫性，只好請讀者原諒。但或許這些重複之處可讓本書形成一種整體感，或許也可以讓某些篇章裡過於濃縮的論述比較容易了解。此外，輕微程度的重複說明，也是筆者終身未能戒除的好為人師的習慣之一，期望藉由不斷闡釋而發揮說服的功能。希望我不致太過囉唆才好。

艾瑞克・霍布斯邦，倫敦，二〇〇七

# 霍布斯邦看21世紀

## 全球化
## 民主與恐怖主義

第一章

# 二十世紀的戰爭與和平

本文根據諾貝爾和平獎一百週年研討會（奧斯陸，二〇〇一）的論文修訂而成。

二十世紀是有史以來最屠戮的一個時代。直接或間接因戰爭而死亡的人數，據估計約一億八千七百萬人，超過一九一三年世界總人口的十分之一。[1]打從一九一四年起，這就是一個戰爭不斷的世紀，只有少數幾個短暫的喘息時期，沒有正規組織軍在某地交戰。而且，這是一個由世界戰爭所主導的世紀：也就是說，是領土國家或國家聯盟之間的戰爭。我們可以把一九一四年至一九四五年這段時期視為單一的「三十年戰爭」，期間只有一九二〇年代曾經偃旗休兵了一段日子，約莫是從一九二二年日本自蘇聯遠東地區撤兵起，到一九三一年日本開始攻擊滿洲為止。在這段「三十年戰爭」之後，緊接著登場的是四十多年的冷戰，這場冷戰完全符合霍布斯（Thomas Hobbes）對戰爭的定義：戰爭「不僅是會戰或攻擊行為，還包括在某段時間範圍內，想藉由戰鬥將彼此競奪的意志表明得眾所皆知」。冷戰結束之後，美軍在全球各地所介入的軍事行動，究竟在多大程度上可稱之為這個戰爭世紀的續篇，這是個可以討論的問題。但毫無疑問的是，一九九〇年代在歐洲、非洲以及西亞、中亞，確實充斥著正式與非正式的軍事衝突。整體而言，自一九一四年以來，這個世界從未處於和平狀態，至今依然紛擾不安。

然而，不論從時間軸或地理軸的角度，我們都不能把二十世紀視為單一團塊。就時間軸而言，二十世紀可分為三個時期：一、以德國為中心的世界戰爭時代（一九一四年至一九四五年）；二、兩大超強相互對峙的時代（一九四五年至一九八九年）；以及三、傳統的國際強權系統終結之後的時代。以下我將以時期一、時期二和時期三稱呼它們。在地理軸上，軍事行動所造成的衝擊，一直是高度不均衡的。這一百年間，美洲地區除了一次例外（一九三二年至一九三五年的廈谷戰爭[2]），並未發生有別於內戰的重大國際戰爭。敵方的軍事行動鮮少觸伸到各國的領土——正因如此，二〇〇二年轟炸世貿大樓和美國國會大廈的九一一事件，才會造成這麼大的震撼。一九四

1 死亡人數估計，根據 Z. Brzezinski, *Out of Control: Global Turmoil on the Eve of the 21st Century* (New York, 1993)；人口總數估計，根據 Angus Maddison, *The World Economy: A Millennial Perspective* (OECD, Paris, 2001), p. 241。

2 譯註：廈谷戰爭（Chaco War）是玻利維亞與巴拉圭兩國為爭奪廈谷地區所爆發的戰爭。廈谷地區位於兩國交界之處，十九世紀，兩國就曾為此區的國界爆發過多次衝突。第一次世界大戰之後，由於謠傳該區發現石油礦床，更加使得兩國都想將該地佔為己有。戰爭爆發之後，兩國均傷亡慘重，最後在各國斡旋之下，達成和議，並於一九三八年簽訂合約，由巴拉圭取得該區四分之三，其餘地方則歸玻利維亞。這場戰爭對兩國戰後的政治局勢都有很大的影響，尤其是兩國的軍事領袖，後來都成了該國的政治首領，引發了國家革命和武裝政變。

五年後，國家與國家之間的戰爭也在歐洲消失無蹤，在此之前，歐洲一直是主要的戰場所在。雖然在時期三，戰爭重返東南歐，但在歐洲其他地區，似乎完全看不到任何復發的跡象。另一方面，在時期二，國家之間的戰爭依然是中東和南亞地區的痼疾，儘管這些戰爭未必與全球對抗有關；而發生在東亞和東南亞的主要戰爭，則是直接導因於全球對抗（韓國、印度支那）。至於撒哈拉沙漠以南的非洲大陸，時期一相對未受到戰爭影響（除了衣索比亞在一九三五年至一九三六年受到義大利的殖民征服），時期二登上武裝衝突的舞台，時期三則成為見證大屠殺和苦難的主要場景。

二十世紀的戰爭有另外兩大特色，其中第一點不如第二點那般明顯。在二十一世紀開始之際，我們發現自己所處的這個世界，武裝行動基本上不再是政府或其官方代理人的特權，而且敵對陣營之間，除了都有使用暴力的意願之外，沒有任何共同的特質、情況或目標。由於國與國的戰爭幾乎全面主導了時期一和時期二的戰爭景象，使得國家內部或帝國境內的戰爭或其他武裝衝突，相形之下就有點失色。甚至連十月革命之後俄羅斯帝國境內的內戰，或滿清帝國瓦解之後所爆發的軍閥爭鬥，也可以套進國際衝突的框架，因為它們確實與後者脫不了關係。另一方面，拉丁美洲在二十世紀始終不曾出現跨越國界的軍隊，但該區卻一直是內戰衝突的主要舞台：例如一九一一年後的墨西哥，一九四八年後的哥倫比亞，以及時期二的中美洲地區之不同國家。有一點，世人還沒普遍意識到，那就是自一九六〇年代中期以降，國際間的戰爭持續而穩定地遞減，反而是內戰變得更形普遍。境內對抗的數量急速攀升，直到一九九〇年代才平穩下來。[3]

一般人較為熟悉的特色，是戰鬥人員與非戰鬥人員之間的區別已嚴重模糊。二十世紀上半葉的兩場世界大戰，把交戰國的所有人口全部捲入；戰鬥與非戰鬥人員皆飽受災難。而且隨著世紀演進，戰爭的負擔更是快速由武裝軍隊轉移到平民身上，他們不僅是戰爭的受害者，更逐漸成為軍事或軍事—政治行動的主要對象。在這一點上，兩次世界大戰的對比就極為明顯：第一次世界大戰的死亡人數當中，只有百分之五是平民，及至第二次世界大戰，這個數字已激增到百分之六十六。到了今天，因戰爭致死的平民比例，一般估計約佔百分之八十至九十。冷戰結束之後，這個比例越來越高，因為從那時起，大多數的軍事行動並非由徵召軍隊所主導，而是由非常少量的正規或

3 See StiftungEntwicklung und Frieden, *Gobale Trends 2000: Fakten, Analysen, Prognosen* (Frankfurt a/M, 1999), p. 420, Schaubild 1

非正規部隊負責，往往是採用高科技武器並藉此避免人員傷亡。高科技武器在某些案例中重新建立了軍事與平民攻擊目標之間的區別，也因此重新釐清了戰鬥與非戰鬥人員之間的界線，因此我們沒有理由懷疑，在往後的戰爭中，平民仍將是主要的受害者。

此外，受難的平民數和軍事行動的規模與密度不成比例。就嚴格的軍事標準而言，一九七一年，印度和巴基斯坦兩國為了孟加拉獨立問題所引發的兩星期戰爭，是一場小規模戰事，但它造成的難民數卻高達一千萬人。[4]一九九〇年代，非洲武裝單位之間的爭戰，武裝戰鬥人員的傷亡人數很少超過數千人，然而這些爭戰衍生的難民數，在最高峰時期幾乎有七百萬人，遠比冷戰的任何時期都來得高——非洲大陸是冷戰期間兩大超強進行代理戰爭的主要舞台。

這種現象不只限於貧窮和偏遠地區。在某種程度上，由於全球化的趨勢，這個世界日漸倚賴連續不斷的資訊流通、科技服務以及交換供給，戰爭對平民生活的影響反而擴大了。這種全球性的流通哪怕只是短暫受阻，例如九一一事件後美國領空曾暫時關閉了幾天，都足以對全球經濟產生相當可觀甚至持久性的影響。

如果戰爭與和平在二十世紀這一百年間的差別，依然像二十世紀初那樣涇渭分明，依然符合一八九九年和一九〇七年海牙公約所編纂的戰爭規則，那麼，這個主題寫起來就會簡單多了。根據當時的預設，衝突主要發生在主權國家之間，假使衝突發生在某一特定國家的領土內部，那麼衝突的兩造必定擁有完備的組織，並符合其他主權國家眼中的交戰狀態。戰爭與和平就像楚河漢界一般分明，一邊是以宣戰開啟，另一邊則由和平條約結束。軍事行動可清楚區別出戰鬥人員和非戰鬥平民——前者可由他們所穿戴的制服或其他隸屬於某一軍隊組織的標誌辨識出來。戰爭只在戰鬥人員之間進行。戰爭期間，非戰鬥人員應該盡可能受到保護。當然，大家也都知道，這些約定並未涵蓋國家內部和國際上的所有武裝衝突，尤其是西方帝國主義在那些還不被國際承認為主權國家的地區所引發的衝突，哪怕這類衝突有些（但非全部）也被視之為「戰爭」。這些約定也不包括對抗既有政權的反叛行動，像是所謂的「印度兵變」[5]；

4 數據來自UNHGR, *The State of the World's Refugees 2000: Fifty Years of Humanitarian Action* (Oxford, 2000)。

5 譯註：印度兵變（Indian Mutiny）指一八五七年至一八五八年間，因印度士兵對英國人統治的不滿和憎恨所引發的叛變事件。導火線是謠傳英國發給印度士兵使用的新子彈上，塗了牛脂和豬油，觸怒了把牛視為聖物的印度教徒和把豬視為不潔的伊斯蘭教徒。叛亂從德里城外引爆，一發不可收拾，甚至蔓延到印度中部與加爾各答，直到一八五八年六月才終於被英軍平定。這場叛變之後，英國政府取消了東印度公司對於印度的統治權，開始直接管理，同時英屬印度總督，也開始採行比較溫和的統治政策。

以及在某些國家政府或帝國當局無法有效控制的地區裡反覆發生的武裝行動，例如阿富汗或摩洛哥山區的突擊衝突和血仇。然而無論如何，海牙公約依然是第一次世界大戰的指導原則。隨著二十世紀往前發展，這種相對明確的慣例也逐漸被混亂、模糊給取代。

首先，國與國之間的衝突以及國家內部的衝突，也就是國際戰爭以及內戰之間的分界變得混淆，因為二十世紀不只是一個戰爭的世紀，革命和帝國崩解也是它的兩大特色。發生在一國內部的革命或解放抗爭，往往與國際情勢有所牽連，特別是在冷戰時期。相反的，在俄國大革命之後，以國家身分出兵干預他國的內部事務，已變得越來越平常，至少對那些看起來似乎不具危險性的國家是如此。今日，情況依舊沒變。

其次，戰爭與和平之間的明確界線也變模稜了。除了一兩處例外，第二次世界大戰可說既未以宣戰開始，也未以和平條約結束。而緊接下來的那個時期，更是完全無法以傳統定義下的戰爭或和平來形容，最後只好發明「冷戰」這個新詞彙來描述。自冷戰時期以來，戰爭與和平之間這種十足曖昧的情況，可以用中東地區的當前情勢來說明。在伊拉克戰爭之前，不論是「和平」或「戰爭」，都無法正確形容伊拉克自波灣戰爭正式結束之後的局勢——該國仍幾乎天天遭受外國強權的轟炸。同樣的，我們也找不到任何術語可以全然適用於巴勒斯坦和以色列之間的關係，或是以色列和其鄰國黎巴嫩及敘利亞的關係。上述一切，全都是二十世紀那兩場世界大戰的不幸遺產，但同時也是力量日益增高的大眾宣傳機器的後遺症，以及勢不兩立和充滿熱情的意識形態對抗時期之餘毒，這種意識形態的對抗，為戰爭添入了可與昔日宗教衝突相比擬的十字軍因素。和傳統國際強權體系的戰爭不同，這類衝突日益朝向無可轉圜的結果發展，例如「無條件投降」之類。既然戰爭和勝利都被視為絕對，於是任何可能影響交戰國贏得戰爭的限制，像是十八和十九世紀眾所接受的戰爭慣例，甚至是公開宣戰，全都遭到拒斥。而任何有礙於戰勝國彰顯其意志的限制，也都遭到摒棄。經驗已經告訴我們，以白紙黑字明白寫在和平條約中的協議，三兩下就可被推翻。

近年來，這種情況變得更加複雜。「戰爭」一詞，在過去是用來指稱某種有組織的武力部署，以對抗各式各樣的國內叛亂和國際活動，然而在晚近的大眾修辭中，卻越來越常把「戰爭」當成是反社會的，例如「對抗黑手黨的戰爭」或「對抗販毒集團的戰爭」。後者不只想控制包括小型恐怖主義團體在內的組織或網絡，甚至想消滅它們，然而這類行動的性質和主要的戰爭行動卻是兩回事。這類行動同時也混淆了下面這兩種形態的武力。其一，姑且讓我們稱之為「軍人」，他們直接與其他武裝力量對抗，目標是擊敗對方。另一種讓我們名之為「政策」，其宗旨是為了在某一既存的政治實體內部——通常是國家——維持或重建某種必要程度的法律和政治秩序。第一種武力的目標是「勝利」（victory），其中並不必然內含道德意義；另一種武力的目標則是對違法亂紀者進行制裁，其中確實內含道德使命。

不過，這樣的區別在理論上說來容易，在實際層面上卻極難判定。士兵在戰場上殺人這件事本身，在法律上並不構成犯罪，和所有主權國家內部的殺人行為不同。然而，倘若北愛爾蘭共和軍的某位成員認為他自己是交戰人員，但英國官方法律卻認為他是個謀殺者，這該如何呢？北愛爾蘭共和軍（IRA）在北愛進行的活動究竟如他們自認的那樣，是一場戰爭，還是一場攻擊法律破壞者的行動，以便維持英國境內某一省份的政府秩序？我們可以說這是一場戰爭，畢竟將近三十年的時間，英國政府是動用國家軍隊而非地方警力來對抗愛爾蘭共和軍，不過這場戰爭卻是像政策行動一樣有系統地進行，盡可能將該省的傷亡人數和破壞生活的程度減到最低。到最後，這場衝突也是以某種協商方案收場——這方案如同典型的情況一樣，並未帶來和平，只是把不交戰的局勢延長下去罷了。這就是在這個新世紀伊始之際，我們所面對的戰爭與和平之間的複雜混淆關係。而美國與其盟邦現階段所投入的那些軍事和其他行動，正是這類關係的最佳寫照。

當前的情況就像整個二十世紀一樣，任何一個可以有效控制或解決軍事衝突的全球性權力組織，完全不存在。全球化已經在幾乎所有的領域裡奮勇前進，經濟的，科技的，文化的，甚至語言的，只除了一個：政治和軍事領域，領土國家依然是唯一的有效當局。名義上，目前有兩百多個國家，但實際上只有一小撮具有影響力，其中又以美國擁有無可匹敵的最大權勢。儘管如此，依然沒有任何國家或帝國龐大到或有錢到或強勢到足以維持政治世界的領導權，遑論建立足以涵蓋全世界的政治和軍事超強。當前的世界太大、太複雜，也太多元了。不論是美國或其他任何單一政權，不論它們的意願有多強，都不可能建立持久性的統治。

單一強權無法彌補全球性權力組織的缺乏，尤其是眼前並不具備足夠強大的傳統，可以讓主要國家自願接受綑綁束縛——例如與國際裁減軍備或武器限制有關的傳統。目前確實有些全球性組織存在，最著名的是聯合國，此外還有各種科技和財經組織，像是國際貨幣基金、世界銀行和世界貿易組織，還有一些國際論壇。但其中沒有任何一個擁有有效的權力，除非取得不同國家的協商同意，或得到強權國家的支持，或會員國家自願接受其規範。不幸的是，在可預見的未來，這種情況似乎都不可能改變。

由於只有國家能行使真正的權力，因此危機在於：當國際組織試圖處理諸如戰爭犯罪之類的過錯時，將無法有效作為，或缺乏公認的合法地位。[6]即便是得到各國普遍同意而成立的世界法庭（例如根據一九九八年七月十七日簽署的聯合國羅馬公約而成立的「國際刑事法院」[International Criminal Court]），它們的判決只要有某個強權國家抱持反對立場，就不必然會得到承認或遵守。強權國家的國際財團或許強大到足以把弱權國家的犯罪者拖到法庭，或者在某些地區控制武裝衝突的殘酷程度，不過，這類案例只是在一種國際性的國家體系內部執行傳統的權力和影響力，而非執行國際律法。[7]

但是，二十一世紀和二十世紀有一項重大差別存在：二十一世紀的戰爭舞台，不再是一個分割成許多疆域，並由壟斷該疆域所有公共權力工具的政府所主導統治的世界。這種戰爭概念從來就不適用於那些經歷革命的國家，或是解體帝國的碎片，除了晚近一些最新成立的革命或後殖民政權——一九一一年至一九四九年間的中國是最主要的例外——它們以相當快的速度浮現，成為多少具有某種組織並能實際運作的政權或國家之繼承人。

然而過去三十年來，基於種種原因，領土國家已經失去了對於軍事武力的獨佔性，不再壟斷先前維持穩定的多數權力，而且有越來越多國家失去了基本的合法性，甚至不具備眾所公認的恆久性，使得政府無法依此將諸如賦稅和兵役等負擔加諸在志願的公民身上。反之，許多私人團體除了有各種手段可以在財政上資助非國家性的戰爭之外，甚至連發動戰爭的物質裝備也很容易取得。於是乎，國家和非國家組織之間的平衡關係，也跟著發生了變化。

國家內部的武裝衝突日漸激烈，而且可以持續好幾十年，絲毫看不出任何可能的勝利或解決——喀什米爾、安哥拉、斯里蘭卡、車臣和柬埔寨皆如此。最嚴重的，可能已不存在實質上的政府，例如非洲的部分地區；或是像柬埔寨那樣，政府的權力已

6 關於這點最佳的指南是：Roy Gutman and David Rieff (eds), *Crimes of War: What the Public Should Know* (New York and London, 1999)。

7 作者註：當然，這類案例也是那些接受國際人道法律的國家，單方面地主張它們有權利在自己國家的法庭上，把該項法律應用到其他國家的公民身上——最著名的例子是，受到英國上議院支持的西班牙法庭，對智利獨裁者皮諾契特將軍（General Pinochet）所做的審判。

經無法行諸於某些領地。即便是那些強大而穩定的國家，一直以來也都很難消滅境內的小型武裝團體，例如英國的愛爾蘭共和軍，以及西班牙的艾塔組織[8]。這種情勢的最新發展，可以從九一一事件窺出端倪，當全地球最有權勢的國家面對恐怖主義的攻擊時，竟然覺得有必要發動正式戰爭來對抗一個小小的、既沒有領土也沒有可識別軍隊的非政府組織。

上述這些改變，究竟會在這個新世紀中如何影響戰爭與和平之間的均衡關係呢？我寧願不去預測可能發生的戰爭，或它們可能的結果。無論如何，主權國家這個世界系統的改變，已經深深影響了武裝衝突的結構和解決方案。

蘇聯解體一事，意味著強權體系（Great Power System）已不復存在，這個體系曾經主導了將近兩個世紀的國際關係，而且除了少數明顯的例外，總是能夠對國與國之間的衝突發揮某種控制作用。強權體系的消亡，等於把內戰和以武力干涉其他國家事務的主要防線給移除了——在冷戰時期，外國的疆界通常是無法跨越的。事實上，即便在那時，由於眾多小國如雨後春筍般出現，這些名義上得到聯合國承認的「主權」國家，往往都十分虛弱，因此潛在而言，整個國際體系並非十分穩定。而蘇聯和歐洲共產政權的瓦解，更是讓這種不穩定的情況雪上加霜。至於在諸如英國、西班牙、比利時和義大利這些情勢穩固的民族國家內部，各種分離主義的傾向則可能大為增強。與此同時，世界舞台上的替身國數量也已呈倍數增加。在這種種發展之下，無怪乎自冷戰結束之後，跨過國界的戰爭和武裝干預會越來越多。

那麼，眼前有任何機制可以控制或解決這類衝突嗎？從實際的紀錄看來，答案似乎不太樂觀。一九九〇年代的所有武裝衝突，沒有一件是以持久性的解決收場。冷戰殘餘的機構、假設和修辭，讓舊日的猜疑持續發酵，從而使後共產主義時代分崩離析的東南歐局勢變得更加惡化，諸如南斯拉夫這類地區的問題，也變得更難解決。

今日，如果我們想發展出某種方式來控制武裝衝突，我們就必須摒棄冷戰時期的種種假設，包括意識形態和強權政治的假設。事實也已證明，無論當前的權力關係如何有利於美國，它依然無法憑藉單方力量打造出新的世界秩序，即便是得到盟邦的支

8　譯註：艾塔組織（ETA）為巴斯克祖國自由軍的簡稱，全名為「Euskadi Ta Askatasuna」，是西班牙巴斯克地區分離運動的武裝組織，成立於一九五九年，以脫離西班牙獨立為目標，一九六八年後曾發動多次恐怖行動。

持（當然是短暫的），也沒有成功的可能。未來，國際體系依然是多邊性的，必須倚賴幾個主要成員之間達成共識的能力來進行管理，即便這些國家當中沒有一個享有軍事上的優勢地位。事實已經很清楚，由美國所發動的國際軍事行動，其程度可以達到多遠，乃取決於它與其他國家所達成的協議。同樣很清楚的是，戰爭的政治解決方案——即便是那些美國牽涉其中的戰爭——必然會透過協商，而非由單一勢力說了就算。在可預見的未來，以無條件投降收場的戰爭時代，將不復返。

對於現存的國際組織，我們也必須重新思考它們的角色，尤其是聯合國。我們總是把聯合國當成解決爭端的當然角色，並經常如此呼籲。然而聯合國的策略和行動，卻總是任憑變化不定的強權政治擺布。沒有任何公認中立的國際仲裁機構有能力在未得到安理會授權的情況下採取行動，這點始終是這套解決爭議的體系中最明顯的重大缺口。

自從冷戰結束後，對於戰爭與和平的處理，一直是臨時性的急就章。上焉者，如在巴爾幹半島問題上，外來軍事干預終止了當地武裝衝突，而且第三團體的武力始終能維持住戰爭最後的結果。這種模式的長期干預，許多年來一直由個別的強權國家施行在它們的影響範圍之內（例如敘利亞在黎巴嫩的作為）。然而做為一種集體行動，這種做法只有美國和其盟邦採行過（有時得到聯合國支持，有時則否）。其結果到目前為止，總是各方都不滿意。因為這種做法等於要干預者以不成比例的代價，在一塊他們並未擁有特殊利益且無法從中得到好處的地區，無限期維持軍隊。這使得干預國只能倚賴被佔領民眾的志願順從，但這點是無法保證的，假使當地出現了武裝反抗，小規模的武裝「維和」部隊，就會被更大規模的武力所取代。貧弱國家可能會對這種干預心生憤慨，認為那是殖民時代和保護國心態的遺留，尤其當在地經濟大部分乃寄生於佔領軍的需求之上時。從這樣的干預當中，究竟能否產生一種普遍的模式，來控制未來的武裝衝突，目前還不清楚。

在二十一世紀，戰爭與和平之間的平衡，將不是建立在設計出更有效的協商或解決機制，而有賴於內部的穩定與避免軍事衝突。在過去，武裝衝突通常是因為國與國之間的敵對和摩擦，但除了少數例外，今日的情況已非如此。比方說，如今各國政府已很少因為邊界問題而引爆爭議。但另一方面，國內的衝突卻很容易變得非常狂暴。在這類衝突中，戰爭的主要危機乃在於外國政府或軍事力量的介入。

擁有繁榮穩定的經濟以及居民所享有的物資分配相對公平的國家，比起那些貧窮、高度不平等以及經濟不穩定的國家，在社會和政治上似乎都比較沒有問題。當國家內部以及國家之間的經濟和社會不平等現象日益懸殊，和平的機會也跟著遞減。然而，想要避免或控制國內的暴力衝突，影響更為直接的，其實是全國性政府所展現的權力和績效，以及該政府在大多數居民眼中的合法性。今日，沒有任何政府可以把歐洲大部分地區長久以來習以為常的那種非武裝的平民人口和社會秩序視為理所當然。今日，沒有任何政府具有優勢地位可以忽視或消滅境內的武裝少數分子。然而，這世界日漸分裂為兩類國家，一是有能力有效管理其領土和人民的國家，即便它們得在數十年的時間中面對內部敵人的武裝行動，例如英國；二是沒有能力管理其領土與人民的國家，這類國家越來越多，它們被綁縛於官方承認的國際疆界之內，而其全國政府若不是虛弱、腐敗，就是根本不存在。這些區域專門生產血腥的內部爭戰和國際衝突，就像我們在中非地區所看到的那樣。不幸的是，在這類地區看不到什麼持續改善的前景，而隨著這些不穩定國家的中央政府日趨衰弱，或說隨著世界版圖的進一步巴爾幹化，武裝衝突的危險性自然也只會往增高的曲線攀升。

在此，可以做出一項暫時性的預測：二十一世紀的戰爭不會像二十世紀那樣嗜殺。但是在這個世界的很大一塊地區，武裝暴力以及不成比例的傷亡和損失，依然會是一種四處可見的痼疾——偶爾也會蔓延成傳染病。和平的前景還很遙遠。

第二章

# 二十一世紀初的戰爭、和平與霸權

本文乃二〇〇四年應《印度書評》之邀，在德里查克拉瓦特紀念講座發表的演說。

今天我要談論的主題是戰爭、和平與霸權，但我將以回顧過去的方式來說明當前的問題，因為這正是歷史學家的工作。我們無法談論這個世界的政治未來，除非我們牢牢記住，我們正在經歷的這段歷史，也就是人類生活和社會的改變歷程，以及人類對全球環境所造成的衝擊，一直是以令人暈眩的步伐加速進行。如今，這股向前進的速度，把人類和自然環境的未來，推入了危險之境。在柏林圍牆倒塌之時，有位輕率的美國人曾宣稱歷史終結了，因此，我有點猶豫是否要使用這個顯然已不具公信力的詞彙。然而無論如何，從上一個世紀中期開始，我們就已進入世界史的一個新階段，這個新階段終結了我們先前所知的歷史，那個超過一萬年以上的歷史——亦即，從定居農業發明以來的歷史。我們確實不知道，自己正在走向何方。

我曾經在《極端的年代》一書中，為這場突如其來的戲劇性斷裂描繪出大致的輪廓。科技與生產方式的轉變明白可見。單是通訊革命的速度，就已經徹底消解了時間與距離。在二〇〇四年的今天，網際網路才不過發明了十年而已。我也在該書中指出這場斷裂與未來國際發展有關的四大社會面向。一是農民的急速崩解與衰落——直到十九世紀，農民始終是所有人類當中最大的一群，也是人類經濟的基礎。二是明顯居於優勢地位的都市社會應運而生，特別是人口以千萬計算的超級城市（hyper-city）。

三是普遍具有閱讀能力以及手寫或機器書寫的世界，取代了口語傳播的世界。以及第四，女性地位的轉變。

務農人數的銳減，這點在已開發國家當中尤其明顯。今日，這個數字在經濟合作暨發展組織（OECD）國家只佔百分之四，在美國更只有百分之二，其他地方也差不多。一九六〇年代中期，歐洲還有五個國家其半數人口是以務農維生，美洲有十一個，亞洲有十八個，非洲地區更是只有三國（利比亞、突尼西亞和南非）例外。但今日的情況已截然不同。就營生而言，目前歐洲和美洲已經沒有任何國家有超過半數的農業人口，伊斯蘭世界也一樣。即便在巴基斯坦，這個數字也已低於百分之五十，土耳其的農民比例則從原本的四分之三下滑到三分之一。就算是在小農經濟的大本營東南亞，也已經有好幾個地方出現了缺口：印尼從百分之六十七下降到百分之四十四，菲律賓從百分之五十三下降到百分之三十七，泰國從百分之八十二下降到百分之四十六，甚至連中國，在二〇〇六年也從一九五〇年的百分之八十五跌落到現在的百分之五十左右。事實上，除了撒哈拉沙漠以南的大多數國家之外，農業社會僅剩的穩固堡壘——亦即，二〇〇〇年時農業人口超過百分之六十的地區——就只有英法兩國的前南亞帝國：印度、孟加拉、緬甸和越南。然而，在工業化急速進展的趨勢下，這種情況還能持續多久？以台灣和南韓為例，一九六〇年代末，兩國仍有半數人口務農，如今則只剩下百分之八和百分之十。過不了幾十年，我們將不再是人類自出現以來的那個物種：那個其成員主要以採集、打獵和生產食物為主的物種。

我們也將不再是鄉野之子。一九〇〇年時，全世界只有百分之十六的人口居住在城鎮；一九五〇年，這個數字上升到百分之二十六；今日則差不多比半數略低一點（百分之四十八）。[1]在已開發國家和地球上的其他許多地方，即便在農業生產區，鄉野都可說是一片綠色沙漠，很少能在汽車與小聚落之外，看到人類的蹤影。不過在這個問題上，以此類推法變得有點困難。沒錯，老資格的已開發國家如今早已高度都市化，但它們不再是當前標準的都市化典型，後者如今採取直接從鄉村飛竄為超級城市的模式。今日發生在已開發世界都市裡（即便是那些正常成長的都市）的現象，是在原先的市中心外圍所進行的郊區化現象。如今，全球人口數超過一千萬的前五十大城市中，只有十個位於歐洲和北美，其中更只有兩個躋身於前十八大的名單之列。人口超過百萬人的城市中，成長最快速的，除了一個例外（葡萄牙的波多[Porto]），其他都位於亞洲（二十）、非洲（六）和拉丁美洲（五）。不論這項發展造成哪些後果，其中影響最大的，就是徹底改變了人口高度集中的都市，以及人口分散各處的鄉村之間的政治平衡關係，尤其是在那些選舉議會代表或總統的國家。

關於教育變革我不打算談論太多，因為社會與文化對整體知識程度的影響，很難和政治與文化對傳播革命的影響區分開來，今日的我們，全都置身在這場突如其來、史無前例的公共與個人媒體的革命狂潮當中。且讓我指出其中的一項重要事實。今日，總計有二十個國家，其就學年齡的人口中有超過百分之五十五的比例在完成中等教育之後繼續攻讀高等教育，這二十個國家當中，除了南韓之外，其他全都位於歐洲（舊資本主義和前共產主義國家）、北美和紐澳。就儲備人才資本的能力而言，老資格的已開發世界依舊大大領先那些二十一世紀的主要新來者。亞洲，特別是中國和印度，能以多快的速度迎頭趕上？

關於過去一百年來這項最重大的社會變遷，在此，我將不再多說，只提出一項觀察做為補充：判斷女性權力提升的最佳指標，就是看她們在教育上趕上男性甚至超越男性的程度。了解這一點後，還需要我告訴你們，印度依然是屬於嚴重落後的世界嗎？

1 Paul Bairoch, *De Jéricho à Mexico: Villes et économies dans l'histoire* (Paris, 1985), p. 634.

在回顧鳥瞰了過去半個多世紀左右的空前變革之後，且讓我降回地面，針對二十一世紀初，影響戰爭、和平與權力的一些因素，做一番仔細觀察。一般性的趨勢不必然能成為現實實際面的指南。例如，很明顯的，在二十世紀的歷史進程中，這個世界上的大多數人口已不像過去般，由世襲親王或外國代理人進行由上而下的壓倒性統治。如今，大多數人口都生活在某種獨立國家當中，它們的政府常藉由「人民」或「國民」的稱號來宣稱其合法性，最常見的情況（甚至包括所謂的獨裁政權），是透過真正或假造的選舉或公民投票來確認其正當性，以及（或）利用定期性的群眾公開儀式來象徵政府當局與「人民」之間的結合。於是乎，人民以這樣或那樣的方式，從先前的臣民變成了公民——而且不只包括男人，還包括女人。然而事實上，大多數政府所擁有的，嚴格說來都是某種自由民主憲政的變體，有競選沒錯，但經常會被軍事統治中斷，人們總說這類統治必然是暫時性的，但卻往往持續了很長的時間。在這種情況下，上面所說的自由民主趨勢，和我們今日的實際狀況究竟有多符合呢？並沒有多符合。

不過，有一種普遍的趨勢倒是可以在這座星球上的大部分地區看到，亦即獨立的領土國家的地位已經發生了改變。獨立的領土國家在二十世紀的歷史進程中，逐漸演變成人類最基本的政治和機制單位。在獨立領土國家的起源地，也就是北大西洋地區，該政體是奠基在法國大革命以來的幾項發明之上。這種政體壟斷了所有的權力工具和強制手段——軍備、武裝人員、監獄——並透過中央政府和其代理人，根據日積月累的資訊收集能力，對發生在國家領土範圍內的事務，執行越來越強力的控制。該政體的行動範圍以及影響公民日常生活的能力不斷增高，並進一步利用居民對國家和民族的效忠之心，成功動員他們。這種模式的國家發展形態，在四十年前左右達到了最高峰。

另一方面，想想西歐一九七〇年代所謂的「福利國家」，在這類國家中，「公領域的消費」（public consumption）——亦即國內生產毛額用在公共目的的部分——約佔百分之二十到百分之三十。接著，想想公民們不但志願讓公部門單位收取稅金去提高業已如此龐大的金額，在上一個世紀的兩次大戰期間，還確實接受徵召，「為他們的國家」奮戰捐軀，奉獻出百萬人命。直到一九七〇年代，有超過兩百年的時間，這種形態的現代政府不斷興起發展，而且與意識形態或政治組織無關，不論是自由的、社會民主的、共產主義的或法西斯的國家，全都採用這種形式。

然而今日，情況不再如此。潮流正在轉向。如今，我們擁有一個快速全球化的世界經濟，這套經濟建立在跨國性的私人公司之上，而這類公司正用盡一切手段想生存在國家的法律與賦稅範圍之外，從而嚴重限制了政府對於國內經濟的控制能力，即便是大有為的政府也無法例外。的確，拜瀰漫全球的自由市場神學所賜，國家確實放棄了許多最傳統的直接行動——郵政、警政、監獄，甚至是最重要的武力——把它們交到以創造利潤為導向的私人承包商手上。據估計，現在約有三萬多個這樣的「私人軍事承包商」活躍於伊拉克。[2]拜這項發展所賜以及冷戰期間高效能小型武器的氾濫全球，軍事武力如今已不再由國家和其代理人所壟斷。即便強大如英國、西班牙和印度，也曾在某段時期裡，學會如何與那些威脅政府但又無法消滅的武裝異議團體長期共存。我們看到好多聯合國會員國，基於不同原因快速瓦解的例子，其中雖然並非全部，但大多是二十世紀帝國解體後的產物，在這些國家裡，名義上的政府其實無法治理或掌管境內的大多數領土和人口，有的甚至連政府機構本身都無法搞定。

幾乎同樣醒目的另一項趨勢是，居住在國家領土內的人民或臣民，對於國家正當性的接受度以及志願對統治當局盡義務的程度，都已大幅下降。在大多數情況下，任何實際建立的政權，即便是相對少數的外國政權，如果沒有廣大的人口隨時準備承認其正當性，那麼，十九和二十世紀的那種帝國主義便不可能存在。以往，外國政權只有在諸如阿富汗和庫德斯坦這幾個少數地方嘗到敗績，沒得到當地人民理所當然的承認。但如今，如同伊拉克戰爭所顯示的，人民在面對政權時，甚至是面對具有壓倒性武力的優勢政權時，已經不再有先前那種自然而然的服從本性，這就是今日帝國捲土重來時所面對的景象。我很懷疑，如今有哪個國家，能夠徵召到願意為「他們的國家」奮戰到死的軍隊來投入戰爭。如今，也沒有幾個西歐國家，也就是所謂的「已開發國家」，能夠像以往那樣，建立在一個大體而言遵守法律且有秩序的人口之上，再也無法期待將犯罪或其他騷亂行為控制在社會秩序的範圍之內。以科技或其他手段——監視器、電話追蹤、取得個人資料和電腦——讓公民時時處於監控之下的做法日新月異、快速成長，然而此舉只是減少了公民的自由，卻無法相對讓政府及法律變得更有效率。

所有這一切都是發生在一個急速全球化的時代，全球化在世界各地造成了區域性的不平等，因為全球化生產的本質，正是不均衡與不對稱的成長。這同時也凸顯出，當代生活中臣服於全球化和全球標準化壓力之下的那些面向（科技、經濟、各式各樣

2 Patrick Radden Keefe, 'Iraq, America's Private Armies' in *New York Review of Books*, 12 August 2004, pp. 48-50.

的基礎設施，以及程度較小的文化機制），與未受到影響的那些面向（特別是國家和政治）之間的矛盾。例如，全球化順理成章地帶動了移民勞工從貧窮地區流往富裕地區，但這股潮流卻在許多受到影響的國家內部——大多是北大西洋地區的富裕國家——導致了政治和社會上的緊張，雖然以全球觀點而言，這項移動的幅度其實相當溫和：即便在今日，居住於出生國之外的人口總數，也不過佔世界總人口的百分之三而已。然而與資本、貨物及傳播的流動不同，直到目前為止，國家和政治人物依舊在勞工遷徙的路途上，架設了各種強有力的路障。

在經濟全球化所帶來的種種失衡現象當中，最新也最引人注目的，除了前蘇聯和東歐社會主義國家在一九九〇年代戲劇性的去工業化之外，就是世界經濟的重心快速從北大西洋周邊地區移往亞洲的某些部分。目前還只處於開始階段，但腳步已越來越快。無庸置疑，過去十年世界經濟的成長，大多由亞洲這部發動機負責拉抬，尤其是中國工業產品的驚人成長率，以二〇〇三年為例，中國的經濟成長率高達百分之三十，該年全世界的平均成長率為百分之三，北美和德國更只有百分之〇・五。[3]當然，這項結果尚未嚴重改變亞洲和北大西洋舊世界的相對地位——美國、歐盟和日本依然佔了全球國內生產毛額的百分之七十——但已足以讓亞洲地區感受到自己的全新比重。以購買力而言，南亞、東南亞和東亞所代表的市場已經比美國市場大了三分之二。這場全球變動究竟會對美國的經濟力量造成怎樣的影響，當然是二十一世紀國際前景的核心問題之一，等下我會再回頭討論。

現在，讓我們把日光鎖定在新世紀的戰爭、和平與國際秩序可能會如何發展。乍看之下，世界和平的前景肯定會比二十世紀要來得好，畢竟二十世紀那兩場世界大戰和原子彈規模的死亡程度是無與倫比的。然而，根據英國所做的一項調查顯示，事實上，二〇〇四年時，英國人對世界大戰的恐懼，比起一九五四年第一次詢問這個問題時的比例要來得高。[4]恐懼的原因，大多是由於下面這個日益明顯的事實：在我們生存的這個時代，全世界的武裝衝突已經變成了某種痼疾，衝突通常發生在國家內部，但因為外國勢力的介入而擴大。雖然就二十世紀的標準而言，這些衝突的規模都很小，但它們的主要受害者越來越多是平民，所造成的衝擊也相當巨大且持久。自從柏林圍牆倒塌之後，我們再次生活在一個種族滅絕和大量人口被迫遷移的時代，如在非

3 作者註：澳洲、法國、義大利、英國和荷比盧是負成長（CIA world Factbook up to 19 October 2004）。

4 *Daily Mail* (London), 22 November 2004, pp. 48-50.

洲、東南歐與亞洲部分地區看到的那樣。據估計，在二〇〇三年底，大約有三千八百萬難民居住在他們的國家內外，這個數字可以和二次大戰結束後大規模的人口移置[5]相比擬。舉個簡單實例：二〇〇〇年，在緬甸因戰鬥而死的人數不超過五百人，但「內部移置」的人數卻將近有一百萬人——大部分是因為緬甸軍隊的行為所致。[6]根據二十世紀的標準，伊拉克戰爭的確規模不大，但卻造成了不成比例的巨大災難。

二十世紀的戰爭標準形式，也就是國與國之間的交戰，已迅速式微。雖然這類衝突在非洲和亞洲的多個地區，以及國內穩定程度處於危險邊緣的國家，並無法完全排除，但目前我們的確沒看到任何這類戰爭正在進行。然而另一方面，爆發全球戰爭的危險，雖然不是立即性的，但也並未衰減，其中最可能的原因，大概是美國不願接受中國成為另一個超強敵手。當然，避免這類衝突的機會比起一九二九年後避免第二次世界大戰的機率要來得樂觀，不過無論如何，這類戰爭在未來數十年內，依然有真實存在的可能。

儘管傳統型的國際戰爭不存在，不論小或大，但今日幾乎沒有哪個稍具現實感的觀察家，會期待我們這個世紀是一個沒有武裝和暴力衝突的世界。不過，我們應該要抗拒布希總統和布萊爾首相那種非理性的恐懼修辭，那只是他們找來的藉口，目的是為了讓他們的全球帝國政策具有正當性。除了做為某種隱喻之外，當前根本不存在所謂的「反恐戰爭」或對抗恐怖主義這樣的事情，有的只是對抗某些特定的政治行動者，這些行動者只是把恐怖主義當成戰術而非綱領。做為一種戰術，恐怖手法是不分青紅皂白的，無論採行該手段的是非政府團體或國家，在道德上都無法為人所接受。國際紅十字會認為野蠻主義正在竄漲，它同時對伊拉克戰爭的雙方提出譴責。人們對於小型恐怖主義團體採用生化武器一事非常憂慮，不過，唉，對於生命複製這項新技術（包括複製人）一旦脫離控制之後——它必然會如此——所可能導致的更為可怕且更無法預測的危險，卻反而沒那麼關心。事實上，由泛伊斯蘭恐怖主義網絡所發起的對抗行動，也就是美國所宣稱的「世界戰爭」，對這個世界或任何穩定政權的危害程度，都是微不足道的，就算把當前所有運作中的恐怖主義事件加總起來，也構不成嚴

5 譯者註：二次大戰結束後，許多獨立建國的前殖民地因為疆界和宗教信仰等問題，導致大規模的人口遷徙，其中尤以印度和巴基斯坦分治所產生的龐大移民潮最為著名。

6 Margareta Sollenberg (ed.), *States in Armed Conflict 2000* (Uppsala, 2001); *Internal Displacement: A Global Overview of Trends and Developments in 2003* (http://www.idpproject.org/global_overview.htm).

重威脅。雖然他們殺害的人數比他們的前輩高出許多，但在統計學上其實相當有限，而且比起國家政府所殺害的人數，更是小巫見大巫。就軍事侵略的目的而言，它們根本不夠看。除非這類團體取得了核子武器——這並非無法想像，但也不是立即可能發生的事——否則我們面對恐怖主義時，需要的是冷靜的頭腦，而非歇斯底里的恐懼。

然而，這個世界的確陷於混亂無序之中，我們也的確又將迎接一個武力衝突和人類災難的世紀。我們有可能把這種失序狀況再度安置在某種全球性的控制之下嗎？就像從滑鐵盧會戰到蘇聯瓦解這一百七十五年當中的大部分時間那樣（只有一九一四年至一九四五年那三十年例外）。

由於以下兩個原因，這個問題在今日變得更為棘手。首先，無法控制的自由市場全球化正在急速進展，而這正是抱怨與動盪的天然搖籃。最近有人觀察到，「即便是最先進的軍事體制，也無法應付法律秩序的普遍崩潰」[7]，而我先前提到的那種國家危機，讓這項觀察比過往更接近真實。其次，再也沒有任何多元性的國際強權體系，有足夠的地位可以力挽狂瀾，讓局面不致走向全球大戰一途，這樣的體系以往是存在的，只除了一九一四年至一九四五年那段大災難的時期之外。這套體系的假設基礎，可回溯到十七世紀三十年戰爭結束後所簽訂的條約，亦即：在這個世界上，國與國之間的關係是由某些規則所統治，其中最重要的，是不得介入他國的內政事務；同時，戰爭與和平之間也有著標準而明確的界線。這兩點在今日都不再有效。此外，十七世紀以來的這套體系，也是建立在多元權力的世界現實之上，即便這所謂的多元只是少數幾個「頭等」國家，只是一小撮「強權」，或一九四五年後的兩大超強。然而無論如何，並沒有哪個國家擁有絕對的優勢；而且除了美洲地區之外，即便是地區性的霸權，也總是暫時性的。蘇聯政權瓦解以及美國優勢武力壓倒一切這兩件事，終結了這套權力體系。更有甚者，自二〇〇二年起，美國仗著自己在高科技攻擊戰爭中所享有的長期優勢（這使得它成為唯一一個有能力在世界任何地方一接獲通知就立刻發動主要軍事活動的國家），完全廢棄了這套國際體系賴以建立的條約義務和慣例。

美國的意識形態家和他們的支持者，將這視為新紀元的開端，自此，世界將在美利堅全球帝國的利益之下，進入和平與經濟成長的新時代，他們將這種前景誤比為十

7 John Steinbrunner and Nancy Gallagher, 'An Alternative Vision of Global Security' in Daedalus, summer 2004, p. 84.

九世紀大英帝國所創造的「不列顛和平」(Pax Britannica)。說他們錯誤，是因為從歷史的角度來看，帝國從未替自身領土之外的世界，創造過任何和平與穩定。如果說，重大的國際衝突真的是因為少了某種東西才使得它們層出不窮，那麼就算有大英帝國存在，情況也不會改變。因為所謂的「征服者的善意」或他們帶來的善果，都只是帝國主義的修辭罷了。帝國總是會為自己的行為合理化，有時還是相當真心誠意，充滿了道德感，不論是宣稱要將（他們版本的）文明或宗教傳播到蒙昧地區，或是將（他們版本的）自由帶給遭壓迫的受害者，或是如同今日這般，把自己當成捍衛人權的戰士。當然，帝國確實曾經帶來一些正面結果。宣稱帝國主義將現代觀念傳入了落後世界，這點在今日雖然無法成立，但在十九世紀時卻不完全是假的。然而，若說帝國主義大大促進了附屬地區的經濟成長，恐怕就不太禁得起檢驗，至少在歐洲人的海外聚居地以外的地區是如此。一八二〇年到一九五〇年間，西歐十二個國家的每人平均國內生產毛額，增加了四點五倍，然而在印度與埃及，卻絲毫沒有提升。[8]至於民主，我們都知道，那些強大的帝國都把民主牢牢留在自己國家內部，只有衰弱的帝國會在這部分稍作讓步。

不過真正的問題是，由單一國家領導全球這種史無前例的計畫，是否有成功的可能性，以及美國的壓倒性軍事優勢是否能夠完成這項計畫，進而把它維持下去，這兩個問題的答案都是否定的。帝國常常靠武力建立，但想要維持卻需要武力以外的東西，這就像拿破崙曾經說過的一句古老格言：「你可以拿刺刀做任何事，除了坐在它上面」——這點在今日尤其真確，壓倒性的武力本身已不再能帶來緘口不語的默從。事實上，以往大多數的帝國都採取間接統治，往往透過當地菁英來運作當地的機構。當他們無法在臣民當中贏得足夠多的朋友和合作者時，武力就不再夠用。法國已經學到，即便有一百萬的白人殖民者，加上一支八十萬人的佔領軍，以及利用有系統的大屠殺和酷刑平定了軍事上的暴動，結果依然不足以把阿爾及利亞留在法國手上。

但我們為何要問這個問題？因為它為我引出了下面這個難題，我想以它做為這場講座的結論。為何美國要放棄自一九四五年以來的政策，畢竟那些政策曾經在全球大半地區——亦即非共產主義和非中立主義的部分——維持了真實而長久的霸權？當初美國之所以能執行這項霸權，並非來自於摧毀對手，或直接運用軍事武力迫使其附屬

8 Angus Maddison, *L'Economie Mondiale 1820-1992. Analyse et Statistiques* (OECD, Paris, 1995), pp. 20-21. 埃及的數字始於一九〇〇年。

國加入。當時，這種做法受到了核武自殺威脅的限制。美國的軍事力量只有當它看起來比其他軍事強權更厲害的時候，這股力量對於其霸權才具有意義——也就是說，在冷戰時期，北大西洋公約組織（NATO）的歐洲國家希望藉由美國的支持來對抗蘇聯的軍事力量。

在上個世紀的下半葉，美國的霸權並非建立在砲彈之上，而是建立在它的巨額財富，以及其強大經濟在全世界所扮演的核心角色，特別是在一九四五年之後那幾十年。政治方面，則是奠基於北半球富裕國家的普遍共識，認為他們的社會比共產政權統治下的社會要來得好；至於在那些不具有這類共識的地區，例如拉丁美洲，則是透過與國家統治菁英和懼怕社會革命的武裝力量結盟。在文化上，它靠的是由美國所享有和宣傳的富裕消費社會的吸引力，這點曾為美國的霸權開荒拓土，並由好萊塢征服了全世界。意識形態上，毫無疑問的，美國從對抗「暴政」之「自由」鬥士與模範的角色，獲益良多。

所有這一切，在冷戰結束之後，都很容易繼續下去，也確實曾繼續下去。為什麼不該有其他國家出馬競逐世界超強的領導權，做為如今大多數國家都已接受的選舉式民主的代表；為什麼不該有其他國家出馬競逐最偉大的經濟強權的地位，投入如今已橫掃全球的新自由主義意識形態？因為美國的影響力非常巨大，它那些意識形態家與商業經理人的影響力也非常巨大。它的經濟雖然慢慢失去世界核心角色的地位，也不再是工業界的領袖，甚至從一九八〇年代起，也無法主導外國投資，[9]不過其規模依然相當龐大，而且聚集了驚人的財富。那些遵行美國帝國政策的國家，總是得小心翼翼地用圓滑老練的「志願結盟」來掩蓋美國凌駕於聯盟之上的事實。美國知道，即便在蘇聯瓦解之後，美國在這世上也非無可匹敵。但它也知道，自己正用分配到的牌、在有利於它的規則之下，玩一場全球賽局，而且，看起來似乎沒有實力相當並擁有全球利益的對手國家會出現。得到聯合國和國際社會真誠支持的波灣戰爭，以及九一一事件所引起的立即反應，全都顯示出美國在後蘇聯時代的地位與力量。

然而自從九一一事件之後，美國妄自尊大的政策，卻大大摧毀了它先前得以發揮霸權影響力的政治和意識形態基礎，讓美國得不到冷戰遺產的強固，而只能是一個眾

9 作者註：一九八〇年，美國佔世界直接海外投資的百分之四十，一九九四年至二〇〇五年間，其平均值為百分之十四，相對於歐盟的百分之四十三（UNCTAD *World Economic Outlook*, Geneva, 2006, 'Overview', p. 19）。

所公認的具有威脅性的軍事強權。這沒有什麼理由可以解釋。也許這是有史以來頭一次，大多數的國家和民族都把美國孤立為不得人心的國家。軍事力量凸顯出美國經濟的弱點，它的巨額貿易赤字如今是由亞洲投資者在撐持著，而這些投資者已經快速抽手，不再把經濟利益放在支持不斷滑落的美元之上。它同時也彰顯出歐盟、日本、東亞，甚至是第三世界主要生產者所組成的集團組織的經濟影響力。在世界貿易組織裡，美國再也無法與顧客談判。事實上，單是從布希用「威脅美國」這種令人難以置信的修辭來為其侵略行為合理化一事，就可以看出美國對於自己未來的世界地位，具有一種根本性的不安全感。

坦白說，我無法理解九一一事件後，美國內部究竟發生了什麼事情，會讓一群政治狂人想要去實現這樣的計畫，想要在沒有伴奏的情況下一人唱完世界霸權這首曲子。我相信，這意味著美國社會內部有某種危機正在滋長，其具體表現，就是這個國家自南北戰爭以來最嚴重的政治和文化分裂，以及對比懸殊的地理差異，差異的一端是經濟全球化的兩大沿海地區和文化開放的大城，另一端是廣大、憤懣的內陸和文化保守的地區。今日，有一個激進的右派政權試圖動員「真正的美國人」來對抗邪惡的外部勢力，以及不願承認美國之獨一無二、至高無上和昭昭天命的世界。我們必須了解，無論美國為世界其他地區帶來多少巨大而毀滅性的衝擊，它的全球政策其實是目標對內而非對外。這套政策並非為了打造成功的帝國或霸權而設計。前美國國防部長倫斯斐（Rumsfeld）的原則——以快速戰爭攻擊容易擊敗的對手，然後快速撤退——也不是為了征服全球。然而，這並未讓這項政策變得比較不危險，相反地，如同事實所證，它已經為全世界帶來了動盪不安、無法預測、侵略、非預定計畫，以及幾乎是災難性的結果。今日，世界戰爭最大的危險源，正是來自華盛頓這個無法控制且顯然非理性的政府所懷抱的全球野心。

那麼，我們該如何生活在這個危險、失衡又暴戾的世界，該如何生活在社會、政治、國家和國際結構都處於重大變動的時代？如果我是在倫敦談論這件事，我會警告西方的自由主義思想家，不論他們對世界各地人權受到侵害的情況有多憤慨，都不應一廂情願地哄騙自己，相信美國的海外軍事干預也和他們有著一樣的良善動機，或可能帶來他們想要的結果。我希望自己在德里無須如此警告。至於對政府的建言，我認為其他國家所能做的最佳應對，就是委婉但堅定地拒絕加入由華盛頓政府所提議的、可能導致軍事行動的邀請，特別是在中東和東亞地區，藉此展現出它們對美國這個世界強權的孤立，進而限制它的影響力。對國際政治而言，當前最立即而緊迫的任務，就是為美國製造一個最好的機會，讓它體認到必須放下自大狂妄的念頭，回復合理的外交政策。因為，不論我們喜不喜歡，美國仍將是世界超強，即便它的經濟地位已經很明顯走下坡，但它依然是一個帝國主義的強權。我們只能希望，它是不那麼危險的一個。

# 第三章

# 為何美利堅霸權不同於大英帝國

本文為二〇〇五年哈佛大學梅西講座的講詞。

歷史是話語（discourse），有人這樣告訴我們。除非我們了解人類思考、談論和做出決定的語言，否則無法了解歷史。在那些受到所謂「語言學轉向」（the linguistic turn）之引誘的歷史學家當中，有些人甚至認為，某一時期之標準用語所蘊含的概念和想法，正足以解釋當時發生了什麼和為什麼發生。不過我們生活的這個時代，以及我這場梅西講座的主題，應該足以讓我們對這種假設抱持懷疑態度。因為這兩者都充滿了哲學家霍布斯所謂的「無意義的言說」（insignificant speech）以及它的次品種「委婉說法」（euphemism），還有歐威爾的「官說新語」[1]，亦即藉由錯誤描述而刻意誤導的語言。然而，除非事實本身發生改變，否則不論改了多少名稱，事實終究是無法改變的。

當前有關帝國的討論就是個好例子，就算我們把其中的廣告詮釋和明白可見的偽善因素全都擺到一邊也一樣。這些討論的意指對象，正是當前美國政府所宣稱的全球霸權。支持這個想法的人，傾向於把帝國解釋成好的；不喜歡這個想法的人，則傾向訴諸於歷史悠久的反帝國主義論述。但是這些宣稱和反宣稱，它們所關心的都不是帝國真正的歷史。他們只是試圖把舊名詞套用在未必符合於舊現實的歷史發展上，使這些舊名詞幾乎不具任何歷史意義。當前的討論尤其模糊不清，因為最接近於當前美國政府意圖在全世界所建立的那種霸權的類比詞彙，就是「帝國」和「帝國主義」，但是這組詞彙卻正好與美國傳統上對政治的自我定義相反，而且這組詞彙在二十世紀的全球各地幾乎都是不受歡迎的。這組詞彙和美國政治價值系統中同樣根深柢固的幾個正面信念，例如「自決」和「法律」也有衝突。別忘了，國際聯盟和聯合國這兩個組織基本上都是由美國總統提出和促成的。然而同樣麻煩的是，沒有任何歷史先例符合美國政府當前想建立的全球霸權，而且，在所有富見識的歷史學家和理性的世界局勢觀察家眼中，美國的這項野心必然會以失敗收場。即便是帝國主義學派最聰明的歷史學者弗格森（Niall Ferguson），也毫不懷疑這項大業可能失敗，只不過他和我等之輩不同，他對這種可能的結局深感遺憾。[2]

在當前試圖讓世界帝國復活，以便做為二十一世紀之政治模式的局勢背後，有四項發展正在進行。一是一九六〇年起快速進行的全球化，以及這個過程所帶來的經濟、科技、文化和其他面向的結果與至今仍未被全球化滲透的政治活動之間的緊張關

---

1 譯註：「官說新語」（newspeak）又譯「新語」、「新話」，是英國小說家歐威爾在《一九八四》一書中所創造的新詞，指的是極權主義的「老大哥」如何藉由改變一句話來改變歷史和控制人心。

2 Niall Ferguson, *Colossus: The Rise and Fall of the American Empire* (London, 2005).

係。在自由市場資本主義這個主流形式之下，全球化也在各國內部和國際之間，造成了驚人且具潛在爆炸性的經濟和社會不平等。

其次，是二次大戰以降的國際均勢體系的崩潰，這套體系曾經力挽全球戰爭的狂瀾，也曾讓世界上的大多數地區不致淪落到失序或無政府的狀態。蘇聯的終結摧毀了這套平衡體系，但我認為，早在一九七〇年代後期，這套系統就已經開始磨損。這套建立於十七世紀的系統，其基本規則如下：原則上，主權國家的官方行動必須尊重另一國家的疆界，並不得干預其他國家的內政事務。這項規矩已於二〇〇二年由布希總統正式宣告廢止。既然穩定的超強均勢已告終結，全球的政治局勢又如何能夠穩定下來？說得更通俗點，當一個適用於多元強權的國際體系在上個世紀末只剩下一個強權的時候，它的結構該改成怎樣？

第三，是所謂主權民族國家所面臨的能力危機。主權民族國家在二十世紀下半葉變成幾乎是全球人口的普遍政府形式，以其基本功能來維持和控制發生在其疆域內的事務。如今，這個世界已經進入所謂「不合格國家」的時代，很多國家正處於失敗當中，或已經失敗了。這項危機也是在一九七〇年代左右變得明顯起來，當時，即便強大穩定如英國、西班牙和法國，也必須學習和諸如愛爾蘭共和軍、艾塔組織以及科西嘉分離運動等武裝團體共存周旋達數十年，因為他們沒有能力消滅那些組織。根據烏普薩拉（Uppsala）資料庫的記載，在二〇〇一年到二〇〇四年間，世界上有三十一個主權國家發生過武裝內戰。[3]

第四，人類大災難再度出現，包括大規模的民族驅離和種族滅絕，以及隨之復活的普遍恐懼。我們已經在愛滋病的流行風潮中，經歷過某種類似中世紀黑死病的捲土重來；造成數十人死亡的「禽流感」，引起了全球性的神經緊張，害怕它會蔓延擴張；而許多公共討論談起全球暖化問題的口氣，簡直像世界末日那般歇斯底里。戰爭和內亂重新現世，甚至連歐洲也逃脫不了——柏林圍牆倒塌之後的戰爭數量，超過了整個冷戰時期——而且，儘管戰鬥的人數和戰場上的傷亡比起二十世紀的大規模戰爭要來得小，但對於非戰鬥人口的影響卻是不成比例的大。根據統計，二〇〇四年底，全世界有將近四千萬難民居住在自己的國家之外和之內（後者的數量越來越多），[4]這

3 Uppsala, *Uppsala Conflict Data Project (Armed Conflicts 1945-2004)*. At prio. no/cwp/ArmedConflict. Consulted 17 June 2006.

4 UNHCR, *The State of the World's Refugees: Human Displacement in the New Millennium* (Oxford, 2006), cap. 7. fig. 7.1.

數字相當於第二次世界大戰戰後世界人口移置的總數。由於這些人如今集中在地球上的少數幾個區域，再加上今日在我們客廳的螢幕上就可以目睹逃難實況，這種淒涼悲傷的景象對於富裕國家人民的衝擊，比起以前要來得更巨大也更直接。只要想想巴爾幹半島戰爭在一九九〇年代所引起的反應，便可見一斑。當然，生活在富裕國家的人們想必會覺得，自己必須做點什麼事，來挽救許多貧窮地區似乎就要掉入的可怕深淵。

簡言之，這世界似乎越來越需要以超國家的解決方案來解決超國家或跨民族的難題，但卻找不到任何全球性的權威組織有能力做出政策決定，遑論將這些政策付之實踐。全球化一旦碰到政治領域就止步不前，不論是國內政治或國際政治都一樣。聯合國不具備獨立的威望或權力。它倚賴的是諸多國家的集體決定，並受制於五個擁有絕對否決權的國家。即便是一九四五年之後成立的國際財經組織，像是國際貨幣基金（IMF）和世界銀行，也只有在強權國的恩庇之下才能有效行動（所謂的「華盛頓共識」[5]）。唯一可以不必仰賴強國鼻息的關稅暨貿易協定（一九九五年起改名為世界貿易組織），卻發現國家是阻礙協議的最大障礙。國家是唯一的有效行動者。而就指揮一場全球規模的主要軍事行動而言，目前只有一個國家有這個能力，那就是美國。

曾經有人說：「支持帝國的最佳理由，永遠是為了追求秩序。」[6]在一個日漸失序與動盪的世界裡，自然會夢想出現某種力量，可建立秩序和穩定。帝國就是這種夢想的名稱。這是一種歷史的迷思。美利堅帝國懷抱著「美利堅和平」（Pax Americana）的希望，回頭去僭取所謂的「不列顛和平」，那是十九世紀在大英帝國統治之下所出現的一段全球化與世界和平的時代，至於「不列顛和平」這個名詞本身，則是套用了古羅馬帝國時代所創造的「羅馬和平」（Pax Roman）。但這些都只是譁眾取寵的話語。如果說「和平」一詞在當前的脈絡裡有任何意義的話，指的也只是聲稱要在某一帝國內部而非國際之間建立和平。可即便如此，大半時候也只是在吹牛罷了。歷史上的帝國，很少在它們的領地上停止軍事行動（當然啦，在自己的母國疆域內它們的確是不會動武），只不過這類行動很少會影響大都會的平民生活。在十九與二十世紀的帝國主義時期，帝國並不會把對抗非白人或低下種族——吉卜林所謂的「沒有法律的

5 譯註：華盛頓共識（Washington Consensus）為一九九〇年代為解決拉美經濟危機所提出的政策方法，強調財政紀律和改革公共部門的資源配置，主張金融、貿易自由化和放鬆利率、匯率及投資管制，是典型的自由經濟主義。

6 Ferguson, op. cit., p. xxviii.

低等人種」——的戰爭視為正統戰爭，也就是說，這類戰爭不須遵從正規戰爭的慣例規則。史壯肯（Hew Strachan）問得好：「除了布耳戰爭（它被視為白人之間的戰爭）之外，其他在英國殖民衝突中被抓到的囚犯在哪裡？他們通常套用什麼樣的司法程序？」[7]布希總統在阿富汗與伊拉克逮捕的「非法戰鬥人員」（unlawful combatants），既無法套用一般法律也無法援引日內瓦公約，它們所能遵循的，是帝國主義的前例。

世界和平甚或是區域和平，一直是歷史上所有已知帝國力有未逮的境界，當然更非當今任何強權可以企及。如果說拉丁美洲是這兩百年來地球上唯一一塊幾乎對主要國際戰爭免疫的地區，其原因當然不是由於「門羅主義」[8]（「幾十年來……那不過是某個洋基佬的吹牛罷了」[9]）或美國的軍事權力。美國的軍事權力對南美洲的任何國家從不具有直接的強制力量。直到我寫下這段文字的此刻，美國的力量依然只能施加在中美洲和加勒比海的一些侏儒國家身上，而且也不總是能夠直接指揮。一九一三年到一九一五年，在威爾遜總統就任期間，美國曾在墨西哥（或說一八四八年後墨西哥的殘餘部分）實行過軍事干預，包括試圖強迫「政權轉移」。[10]這項行動被威爾遜稱為他的「道德帝國主義」方案，目的是要「以美國的力量持續而帶點迂迴地迫使墨西哥民族去處理它那構想糟糕的設計」，[11]沒想到隨之而來的卻是災難一場。所幸，華盛頓政府自此之後便做出聰明的決定，不再和它加勒比海後院的唯一大國玩這種真槍實彈的五角大廈遊戲。美國在西半球的主導權，並非建立在美國的軍事力量之上。

至於英國，如同「光榮孤立」（splendid isolation）一詞所顯示的，它始終意識到自己無法控制自己也置身其中的國際權力體系，而且它在歐洲大陸上也沒有足夠的軍事力量。大英帝國的確從各個強權之間的百年和平獲益良多，但它並非那個百年和平的創造者。我將把帝國、戰爭與和平之間的關係概述如下。帝國主要是由侵略和戰爭所打造，如同大英帝國。接著，是戰爭——通常是如弗格森正確指出的，敵對帝國之間的戰爭——為帝國而打。歷史證明，對帝國而言，贏得大戰就像輸掉大戰一樣致命——華盛頓當局應該把從大英帝國歷史中學到的這堂課牢記在心。並非帝國創造了國

7 *TLS* (London), 29 July, 2005.

8 譯註：門羅主義（Monroe Doctrine）指美國總統門羅於一八二三年所提出的政策，目的在限制歐洲對西半球事務的影響力。

9 Ferguson, op. cit., p. 42.

10 Friedrich Katz, *The Secret War in Mexico: Europe, the United States and the Mexican Revolution* (Chicago and London, 1981).

11 Howard F. Cline, *Mexico, Revolution to Evolution* (Oxford, New York and Toronto, 1962), p. 141.

際和平，而是國際和平給了帝國倖存的機會。《被遺忘的軍隊》（*Forgotten Armies*）這本傑作，生動而詳盡地描繪出，大英帝國在東南亞地區看似輝煌穩固的歐洲霸權，何以會因一九四一年至一九四二年間那幾個星期的事件[12]而土崩瓦解。[13]

除了十六世紀的西班牙和十七世紀的荷蘭之外，十八世紀中到二十世紀中的英國以及在那之後的美國，是絕無僅有的兩個名副其實的全球帝國，兩者都擁有世界性而非區域性的政治視野和權力資源——十九世紀英國的海軍優勢，以及二十世紀美國的空軍優勢——且有獨一無二且基礎合宜的世界網絡加以支撐。然而不論以往或現在，光擁有這些並不足夠，因為帝國倚賴的不只是軍事勝利或安全，更需要長久持續的控制。另一方面，在現代經濟全球化尚未存在之前，十九世紀的英國和二十世紀的美國，同時享有先前帝國不曾有過，或說不可能有過的有利條件：它們主導了工業世界的經濟。它們之所以能做到這點，靠的不只是身為「世界工廠」的生產機具規模——美國在一九二〇年代的高峰期和第二次世界大戰之後，囊括了全球工業（製造業）產出的百分之四十，[14]直到二〇〇五年，它依然是最大的工業國，雖然其「製造附加價值」（manufacturing value added）只佔百分之二十二・四[15]——也因為它們是經濟發展的模範，是科技與組織的先鋒和引領潮流者，是世界金融和貨物流通系統的中心，也是大體上決定了世界金融和貿易政策走向的國家。

當然，英美兩國也發揮了不成比例的文化影響力，憑藉的當然不只是全球通行的英語。不過，文化霸權並非帝國權力的指標，帝國對文化的倚賴也不強。若文化真是帝國成立的要素，那麼，從十五世紀到十八世紀，不論義大利有多分裂、多衰落、多貧窮，都應該是國際音樂和藝術生活的主導者。更有甚者，在那些國家權力和威望已告衰落，但文化權力依然殘存下來的地方——羅馬帝國，或法國的絕對王朝——這種文化權力也只是過去的遺跡罷了，例如源自於法文的軍事術語或公制系統。

當然，我們必須把帝國直接統治所產生的直接文化效應，與經濟霸權所帶來的文化影響區分開來，也必須把這兩者與獨立的「後帝國發展」(post-imperial development)

---

12 譯註：這裡指的是日本自偷襲珍珠港事件之後，於一九四一年至一九四二年間迅速從大英帝國手上奪下東南亞殖民地。

13 Christopher Bayly and Tim Harper, *Forgotten Armies: The Fall of British Asia 1941-1945* (London, 2004).

14 League of Nation, *Industrialisation and Foreign Trade* (Geneva, 1943), p. 13.

15 UNIDO *Research Update No. 1* (Vienna, January 2006), table, p. 5.

分別清楚。棒球和板球的傳播的確是一種帝國主義現象，因為這些運動只在英國軍隊或美國海軍曾經駐紮過的地方流行開來。但這無法解釋一些道道地地的全球運動的大獲全勝，像是足球、網球，和商業經理人最愛的高爾夫球。那些就像目前國際上所進行的所有運動一樣，包括攀登阿爾卑斯山和滑雪，全是英國在十九世紀發明出來的新玩意。其中有些，諸如純種賽馬，可以把它們的組織和散布全球的情形，歸功於十九世紀英國統治階級在國際上所享有的聲望，他們同時把上層階級的男裝風格硬套在全世界男人身上，[16]就像巴黎的聲望主導了上層階級的女性時尚一般。至於其他項目，特別是足球，則是拜十九世紀散居世界各地受雇於英國海外公司的英國人之賜，而高爾夫球，或許該感謝蘇格蘭人在帝國與經濟發展中所享有的超高比例。然而它們的發展早已超出了自身的歷史起源。如果把下一屆的世界盃足球賽當成大不列顛「軟性國力」[17]的展現，那才真是荒謬可笑。

接著，我要把焦點轉向英美這兩個國家之間的重大差異。第一個明顯的差異，是大都會的潛在規模。英倫三島有其固定的邊界。英國不存在美國意義中的邊疆。英國在某些時期，曾經是歐陸帝國的一部分，例如古羅馬時代，諾曼人征服之後，以及都鐸王朝的瑪莉嫁給西班牙國王腓力之後的那段時間，不過英國從來不曾是這類帝國的基地。當英國鄉間繁殖出過多的剩餘人口，他們便移居他處或在海外設立殖民地。英倫三島成了最主要的移民來源。至於美國，從前它主要是人口的接收者而非輸出者，今日依然如此。它以自身不斷成長的人口和來自海外的移民填滿境內的空地，在一八八〇年代之前，這些海外移民主要來自西北歐和中西歐。與俄國（除了猶太殖民區外）一樣，美國是唯一不曾發展出大型離散移民社群的主要帝國。俄國自一九九一年分裂之後，情況已非昔比，但美國依然把這項紀錄保持至今。在所有經濟合作暨發展組織國家的本土出生居民當中，美國移民人口所佔的比例，皆低於日本以外的其他經濟合作暨發展組織國家。[18]

在我看來，美利堅帝國似乎是這種跨越大陸的擴張形式的副產品。在美國年輕人

16 Ann Hollander, *Sex and Suits: The Evolution of Modern Dress* (New York, 1994).

17 譯註：軟性國力（soft power）指一個國家以其制度上、文化上和政策上的優越性或道德性所展現的吸引力，相對於「硬性國力」（hard power），亦即一個國家的軍事力量。

18 Jean-Christophe Dumont and Georges Lemaître, 'Counting Immigrants and Expatriates in OECD Countries: A New Perspective' in *OECD Social Employment and Migration Working Papers No. 25* (OECD, Paris,

眼中，他們的共和國就和整個北美洲分享著同一條邊界。對那些把歐洲農業人口密度帶到這裡的移民者而言，這塊土地簡直是無邊無際，且大部分地區都還處於低度使用的狀態。的確，拜歐洲人帶來的疾病之賜，美洲原住民迅速在非刻意的情況下遭到宛如種族滅絕的命運，於是，這塊土地上的大部分地區很快就變成空蕩蕩一片。儘管如此，我們還是會很驚訝，在特納（Frederick Jackson Turner）的「邊疆拓荒論」（frontier thesis，他用這點來解釋美國歷史的形成）中，竟然完全看不到美洲原住民的影子，畢竟這些人在庫柏[19]筆下的美國，就已經是非常明顯的存在了。[20]北美洲絕非「處女地」，[21]而是用歐洲版的經濟取代了原住民的版本，並對其領土進行大規模的使用，這兩種情況都意味著得掃除原住民，甚至得把殖民者的信念擺在一旁，認為上帝已將這塊土地整個賜給他們。到頭來，美國憲法還特別把美洲原住民從「得以享有『自由賜福』之天賦人權」的政治實體中排除。[22]當然，這種實際根絕原住民的做法，只有在原初人口相對稀少的地方，例如北美洲和澳洲，才有可能實現。在那些無法有效根除的地區，例如阿爾及利亞、南非、墨西哥和巴勒斯坦，即便殖民人口的規模再大，也必須與廣大的原住民生活在一起，或說，生活在他們之上。

此外，美國不同於英國和歐洲其他所有國家，它從來沒把自己視為敵對的國際政治強權體系中的一個實體。這套體系正是門羅主義宣稱要從西半球加以排除的東西。在這個屬於去殖民化的附屬國家的半球裡，美國沒有任何對手。美國同樣沒有殖民附屬國的概念，因為它認為，北美大陸的所有地區遲早都會融為美國的一部分，甚至連加拿大也一樣，後者曾試圖脫離大英帝國但沒成功。於是，當它在處理不符合這套模式的毗連地區時，問題就來了，主要是因為這些地區並非由盎格魯白人所殖民或有本事殖民——例如波多黎各、古巴和太平洋附屬國。在這些領地中，只有夏威夷最後納為美國一州。獨立且蓄奴的南方，對於少數的自由統治者與廣大不自由人口之間的差別早就習以為常，也很習慣融入英國的全球貿易系統，假使美國內戰是南方戰勝北方，美國很可能會變成一個與歐洲類似的帝國，但最後戰勝的是北方：自由，保護主

19 譯註：庫柏（Fenimore Cooper，一七八九—一八五一），美國小說家、歷史學家和社會評論家，最著名的作品是《皮襪故事集》（*The Leatherstocking Tales*），描寫美國拓荒者與印地安同伴的冒險故事。

20 F. J. Turner, "Western State-making in the Revolutionary Era" in *American Historical Review I*, 1 October 1895, pp. 70ff.

21 Henry Nash Smith, *Virgin Land: The American West as Symbol and Myth* (New York, 1957).

22 Eric Foner, *The Story of American Freedom* (London, Basingstoke and Oxford, 1998), p. 38.

義，以無邊無際的廣大國內市場做為發展基礎。如我們所看到的，美利堅帝國對其大陸心臟地區以外的地方，所採取的典型模式既不像大英國協，也不像大英殖民帝國。那種模式不能算是自治領——也就是逐漸分離出去的白人殖民區，不論有沒有包括當地原住民（加拿大、澳洲、紐西蘭、甚至南非）——因為它並未派出任何海外移民者。自從北方贏得內戰之後，在任何情況下，聯邦內部的任何一部分都不可能合法脫離聯邦，這點不管在政治上或意識形態上都是不可能的。美國霸權在自身領土之外的典型模式並非殖民，也非在直接控制的殖民架構下進行間接統治，而是一種衛星國或順從國的系統。這點更加重要，因為一直到第二次世界大戰之前，美利堅的帝國霸權並未擴及全球，而只是區域性的——實際上只限於加勒比海和太平洋地區。因此，它沒有能力像大英帝國那樣，取得完全掌握在手中的軍事基地網絡，英國建立的軍事網絡如今大多還存在，只是已失去舊日的重要性罷了。直到今日，美國霸權在海外的幾個重要基地，嚴格說來，都是建立在其他國家（例如烏茲別克）撤退之後的沃土上。

第二個明顯的差異是，美國乃革命之子——或許，如同鄂蘭（Hannah Arendt）所言，美國是十八世紀啟蒙思想之世俗希望所激起的現代革命歷史上最持久的一場革命。[23]如果說它需要某種帝國使命，那將會是奠基在帶有救世主意含的基本信念之上，亦即美國的自由社會優於其他所有社會，並注定成為全世界的典範。美國的政治，就像托克維爾（Alex de Tocqueville）所看到的，必然會是民粹派和反菁英的。英格蘭和蘇格蘭都曾在十六和十七世紀發生過革命，但是兩地的革命並未延續下去，而且其所產生的效應又重新被合併成一種現代化但仍帶有社會階級的資本主義體制，直到二十世紀，英國皆是由一個地主統治階級的親屬網絡所統治。殖民帝國很容易適應這樣的框架，就像在愛爾蘭那樣。英國當然也有強烈的信念，認為它們的社會優於其他國家，但它們絕對沒有救世主式的信仰，渴望讓其他民族皈依奉行英國的政府形式，甚至是某種意識形態上的民族傳統，亦即反天主教的新教主義。大英帝國並非由傳教士所建立，也不是為了傳教士所建立；事實上，在它的核心附屬國印度，帝國當局甚至還強力勸阻傳教士的活動。

第三個差異是，《地籍書》[24]之後的英格蘭王國以及一七〇七年後的不列顛，是環繞著一個強有力的法律和政府核心所建立，運作著全歐洲最古老的民族國家。自

23 Hannah Arendt, *On Revolution* (New York and London, 1963).

24 譯註：《地籍書》（*Domesday Book*）指一〇八五年由征服者威廉下令編寫的一份地籍調查資料，對於英國王室所擁有的土地及所有權進行勘察，並將國家的經濟資源列成表格，以便能精確課稅。

由、法律和社會階級，伴隨著獨一無二的君主政權（「君臨國會」）一起發展。請注意，一七〇七年時，英格蘭是加入一個與蘇格蘭共組的聯合王國，由單一的中央政府所統治，而非採用聯邦式的安排，儘管蘇格蘭在其他各方面仍與英格蘭保持分離——法律、國教、行政結構、教育，甚至語言的腔調。在美國，自由是中央政府的敵人，或說是所有州政府的對手，在任何情況下，這個政府都被分權設計刻意弄成跛腳狀態。這點只要比較一下美國的邊疆史和英屬加拿大的邊疆史，即可見一斑。美國蠻荒西部的英雄都是些槍手，在沒有法律的土地上執行他們約翰韋恩式的私人律法；而加拿大西部的英雄則是皇家騎警（Mounties），一支成立於一八七三年的國家警力，負責維持政府的法律。畢竟，根據一八六七年英屬北美法案（British North America Act）所創立的加拿大自治領，其目標是「和平、秩序和良好政府」，而非「生命、自由和追求幸福」，不是嗎？

讓我再簡單提一下這兩個民族國家的另一項差異：年齡。民族國家需要建國神話，像是國旗和國歌等等，因為對「國族」（nation）這個現代建構物而言，最方便的做法就是借用古老的歷史來組裝。但美國無法像英國甚至革命的法國那樣，從古老的歷史中擷取建國神話——連史達林都能利用亞歷山大・涅夫斯基[25]來鼓動俄國人的愛國主義，對抗德國入侵。但在美國這塊土地上，卻找不到比第一批英格蘭殖民者更早的可用祖先，因為清教徒對自己的定義正是「非印地安人」，而美洲原住民就像奴隸一樣，根據定義，是不屬於「開國元勳們」所謂的「人民」。和西屬美洲的克里奧人（Creoles）不同，美國人無法在獨立戰爭中動員原住民帝國——阿茲特克和印加——的記憶。他們無法結合美洲原住民戰士的英雄傳統（雖然他們的知識分子很崇拜這些戰士），只因為殖民者的政策將最可能接受招徠的候選人拉進了某種「泛美」意識形態當中，於是易洛魁聯盟（Iroquois Confederacy）的大多數成員都與英國結盟。唯一將自己的民族認同與美洲印地安人連上關係的，是歐洲的威爾斯人，一支弱小而孤立的民族，他們的浪漫探險家認為，他們必須把馬達克王子[26]——他們確信，他曾經在

25 譯註：亞歷山大・涅夫斯基（Alexander Nevsky，一二二〇—一二六三），俄羅斯民族英雄，十六世紀被東正教會追封為聖者。基輔公國大公，曾多次擊敗瑞典人和條頓民族的入侵。俄國大導演艾森斯坦曾以他的事蹟為主題拍過一部同名電影。

26 譯註：馬達克王子（Prince Madoc），傳說中的威爾斯王子，曾在一一七〇年率領一百二十名成員離開威爾斯，並在北美某處海岸建立殖民地，之後又返回威爾斯，召集了一支由十艘船艦所組成的探險隊前往鞏固美洲殖民地，之後便沒有他的消息了。到了十八和十九世紀，因為密西西比河流域出現一支講威爾斯語的印地安部族曼丹人，使這個傳說再度引人注意。

哥倫布之前發現美洲——的後裔視為密蘇里河上說威爾斯語的曼丹人（Mandans）。27 既然美國是從反抗英國的革命中誕生，它與那個古老國家之間唯一未被斬斷的關聯就只有文化上的，或說語言上的聯繫。但是請注意，即便在這方面，韋伯斯特（Noah Webster）都想藉由堅持獨立的拼字法來打破這層關聯。

因此，美國的國族認同無法利用與英國共同的歷史來建構，也無法訴諸先前非盎格魯撒克遜的大量移民。它主要得藉由它的革命意識形態和新的共和機制。大多數的歐洲國族都有所謂「代代相傳的他者」（hereditary others）——永遠的鄰國，好幾個世紀的衝突記憶，可用來界定自我的敵對他者。至於美國，除了南北戰爭之外，沒有其他戰爭曾威脅過它的存在，它有的只是意識形態上的敵人：那些反對美國生活方式的人，不論他們是誰。

國家如此，帝國亦然。在這方面，大英帝國和美利堅帝國同樣大不相同。對英國的經濟發展和國際權勢而言，正式或非正式的帝國都是必備的要件。對美國而言卻非如此。對美國而言，最關鍵的是，它打從一開始就決定不要當諸國當中的一國，而要當整個北美大陸的巨人，將整塊大陸的人口納入統治之下。對它的發展來說，重要的是土地而非海洋。美國從一開始就是個擴張主義者，但不是採用海外帝國的方式，如十六世紀西班牙的卡斯提爾王國（Castilian）和葡萄牙，十七世紀的荷蘭和英國，這種方式可以建立在面積不大或人口稀少的國家之上，通常也正是如此。美國的情況比較類似俄羅斯，從位於莫斯科的中央核心區跨越平原向外擴張，直到它同樣可以宣稱「從海到光亮的海」，亦即從波羅的海到黑海到太平洋。美國就算沒有帝國，也依然是西半球人口最多的國家，以及地球儀上人口第三大的國家。俄國儘管目前的面積已縮小為彼得大帝之前的規模，但與其他國家比起來依然相當巨大，更別提在這片廣大領土上所能取得的天然資源。然而英國若是少了其帝國，不論以往或現在，都只會是許多國家當中的一個中型經濟國，即便在統治了地球上四分之三的土地和人口之時，它也不曾忘記這點。

更貼近的說法是，英國的經濟本質上與全球經濟貿易連結在一起，大英帝國在很多方面都是十九世紀世界經濟發展的核心角色。這並非因為它擁有帝國之名。英國在加勒比海以外的拉丁美洲地區沒有任何重要的殖民附屬國，而且英國還刻意不讓自己

27 Gwyn A. Williams, *Madoc: The Making of a Myth* (Oxford, 1987).

以海權或軍事力量介入該地，雖然如果它想，不費吹灰之力就可介入。然而直到第一次世界大戰為止，拉丁美洲都更像是英國主導的世界經濟的一員，遠比它與美國之間的關聯要緊密得多：一九一四年時，英國在拉丁美洲的投資超過美國的兩倍，[28]即便是在美國資金集中的墨西哥（和古巴），英國的勢力也可與美國分庭抗禮。[29]事實上，十九世紀的英國可說是開發中世界的經濟互補者，兩者相得益彰。在整個一九五〇年代，英國的巨額投資至少有四分之三是挹注在開發中國家。[30]就算在戰爭期間，英國也有超過一半的出口品輸送到正式或非正式的英屬地區。這就是為什麼與英國之間的連結可以為拉丁美洲的南錐地區帶來繁榮，而美國和墨西哥之間的連結，卻只能讓墨西哥變成他北方鄰居的廉價勞力提供者。隨著歐陸和美國的工業化，英國很快就從世界工廠的寶座上退位，除了在國際運輸結構的建構這塊領域之外，然而它依然是世界商人，世界銀行家，以及世界的資本出口者。我們也不該忘記，在英國經濟霸權處於巔峰之際，它也是主要物資的世界市場——食物和原料。儘管土地面積和人口都相當有限，但遲至一八八〇年代，它都是國際進出口生棉的最大買家，並囊括了百分之三十五的國際進出口羊毛。它同時還消費了將近半數的國際進出口小麥，和國際進出口肉品，以及大部分茶葉。[31]

美國的經濟和世界經濟之間則從來不曾有過如此有機的連結。做為地球上遙遙領先的工業經濟大國，它的影響力純粹來自於遼闊的北美大陸以及洋基佬在科技和商業組織上的原創性（這點使它從一八七〇年代開始變成世界其他地區的楷模），另外就是二十世紀之後，它浮現為第一個大眾消費社會。一直到兩次大戰期間，美國都採取嚴格的經濟保護政策，幾乎完全倚賴其國內資源和國內市場。和英國不同，美國直到二十世紀末，都是相對小規模的貨品進口國，至於出口的貨物和資本，更是不成比例的小：在一九二九年其工業實力達到巔峰之際，美國的經濟出口總值只佔其國民生產總值（一九〇〇年的價格）的百分之五，相對於德國的百分之十二・八，英國的百分

28 Angus Maddison, *L'Éconcmie Mondiale 1820-1992. Analyse et Statistiques* (OECD, Paris, 1995), table 3.3.

29 Calculated from Herbert Feis, *Europe, The World's Banker 1870-1914* (New Haven and London, 1930), p. 23, and Cleona Lewis, *America's Stake in International Investments* (Washington DC, 1938), app. D, p. 606. 美元與英鎊的兌換率約略以4.5:1計算。

30 Eric J. Hobsbawm, with Christopher Wrigley, *Industry and Empire* (London, 1999, new edition), table n.329.

31 Dr F. X. von Neumann-Spallart, *Uebersichten der Weltwirthschaft von Dr F. X. von Neumann-Spallart Jahrgang 1883-84* (Stuttgart, 1887), pp. 189, 226-7, 352-3, 364-6.

之十三・三，荷蘭的百分之十七・二，和加拿大的百分之十五・八。[32]沒錯，雖然自一八七〇年代起，美國就是全球第一大工業國，擁有全世界工業產出的百分之二十九，然而它在全球的實際出口數量上，直到一九二九年經濟大蕭條前夕，都未達到英國的水準。[33]直到今天，它依然是世界上最不倚賴國際貿易的經濟國之一——甚至比歐元地區都低很多。[34]雖然從第一次世界大戰開始，美國政府便利用賦稅減免和免受反托拉斯法限制等措施來鼓勵美國出口商，[35]但是美國企業直到一九二〇年代中期都未認真思考該如何打入歐洲經濟，之後的大蕭條又讓它的進展速度慢了下來。大體而言，這個新世界的經濟真正征服了舊世界，大約是冷戰時期的事情。但無法保證這股優勢能持續很久。

因為這場征服和十九世紀英國在全世界的領先情況不同，這只是所謂的工業化國家與發展中國家（主要生產國）之間的全球勞力分工的結果之一罷了。從二次大戰以來的這次大躍進，其基礎是建立在已開發工業國家那些類似又敵對的經濟體之間日益全球化的交替，而這也正是已開發世界和貧窮世界的鴻溝之所以急速加寬的原因。不過，投入自由市場全球化一事，之所以會讓美國這個世界最強大的國族經濟也不得不倚賴那些它所無法控制的力量，其道理也就在這裡。

我們無須在此分析晚近這段時間，經濟權力如何迅速從大西洋兩邊的舊中心轉移到印度洋與太平洋地區，也無須討論隨之而來的那些弱點。這兩者都非常明顯。讓北美洲以及歐洲、日本和紐澳這些幸運地區的大部分居民，得以在新世紀之初享有至少高於全球平均值五倍的平均國民生產毛額，[36]享有一九〇〇年代的王侯生活水平，和史無前例的社會安全境況的那些歷史優勢，正在冰消瓦解當中。那些過去從全球化市場經濟中獲取不成比例之好處的人，可能無法再如此，那些全球化的先鋒，很可能成為自己的受害者。全美最大的廣告代理商智威湯普遜公司（J. Walter Thompson），將二十一世紀的行銷手法帶給全世界，但自己卻在一九八七年被英國一家行銷公司購併，該企業如今在全球八十三個國家裡經營四十家公司。

---

32 Angus Maddison, *The World Economy: A Millennial and Perspective* (OECD Development Centre, Paris, 2001), app. F5.

33 W. W. Rostow, *The World Economy: History and Prospect* (London and Basingstoke, 1978), pp. 72-3, 75.

34 *The Economist, Pocket World in Figures* 2004 edition (London, 2003), p. 32.

35 Victoria de Grazia, *Irresistible Empire: America's Advance through Twentieth-Century Europe* (Cambridge, Mass., and London, 2005), p. 213.

36 United Nations Program for Development, *World Report on Human Development* (Brussels, 1999), table 11.

維多利亞時代的英國，面對了歐洲和美國的工業化，儘管當時它仍是工業化大國，仍是全世界最大的貿易商和投資者，但它卻立刻把其市場和資本投資轉移到正式和非正式的帝國之中。二十一世紀初的美國可沒有這樣的選擇，而且就算有也做不到，因為它已不再是貨品和資本的主要出口國，甚至還得向世界工業的新中心舉債來支付如今它已無法生產的物品。它是唯一一個同時身為主要負債國的主要帝國。事實上，除了第一次世界大戰到一九八八年之間這七十年，美國經濟的外匯存底從未有餘額。[37]一九四五年之後由美國經濟所累積的可見和不可見的資本資產相當龐大，不是那麼容易侵蝕殆盡。然而無論如何，美國的優勢必然會因為它的相對衰落，以及工業權力、資本和高科技的轉移到亞洲而受到嚴重損傷。在全球化的世界裡，市場和文化美國化這類「軟性國力」不再能強化美國的經濟優勢。美國身先士卒地打開了超市市場，但是在拉丁美洲和中國，超市的經營卻是由法國的家樂福所掌控。

美利堅帝國和大英帝國不同，總是得倚賴它的政治肌肉。美利堅的全球霸業，打從一開始就和政治混同一氣，至少也可上溯到一九一六年威爾遜總統在底特律一場銷售員大會上所發表的演說，他告訴那些銷售員，美國的「商業民主」必須在「以和平方式征服世界的這場戰鬥」中，[38]扮演帶頭的角色。美利堅帝國的世界影響力毫無疑問是拜下列兩者之賜，一是它所展現的企業典範，二是廣袤的幅員，然而也是因為它幸運逃過了兩次大戰的災難，這兩場大戰耗竭了歐洲和遠東的經濟，卻讓美國臻於繁榮頂峰。美國政府並非沒有意識到這為美元外交創造了多麼巨大的利多。「我們必須在相當大的程度上對這個世界施予經濟援助」，威爾遜總統如此認為，「而對世界提供經濟援助的人，必須以他們的精神和他們的心智去理解這個世界，統治這個世界。」[39]在二次大戰期間和之後，亦即從一九四〇年的租借法案[40]到一九四六年的英國貸款法案[41]，華盛頓方面從未隱瞞其目的除了戰勝軸心國之外，同時也要削弱大英帝

---

37 Jeffry A. Frieden, *Global Capitalism* (New York and London, 2006), pp. 132, 381.

38 De Grazia, op. cit., p. 1.

39 Frieden, op. cit., p. 133.

40 譯註：租借法案（Lend-Lease Act）為一九四〇年由美國總統羅斯福下令財政部研擬，一九四一年三月經國會批准的法案。是二次大戰期間，美國對其友邦提供援助的一項法律措施。該法案允許美國總統授權製造國防物資的廠商「販賣、移轉所有權、交換、租賃、貸款或賣斷」任何物資給美國總統認為該國國防對美國極重要的國家。

41 譯註：英國貸款法案（British Loan Act）指的是一九四六年美國國會為資助英國戰後經濟重建所通過的貸款法案。

國的影響力。

冷戰期間，美國企業在全球的蓬勃發展，乃是受到美國政治方案的庇蔭，大多數美國企業的執行長就像大多數的美國人一樣，都參與了這項方案。為了回報他們，加上其身為世界強權的身分，美國政府堅信，世界任何地方的美國人都應該接受美國法律的保護，並以相當大的政治力量在背後支撐。就像一九五〇年代（經常被錯誤引用）的諺語所說的：「對美國政府有利的事就對通用汽車公司有利，反之亦然。」[42]當然，美國這個最早的大眾消費經濟，確實因為一九五〇和一九六〇年代那黃金二十年間，富裕的歐洲大眾消費社會紛紛興起而獲益良多。但畢竟是美國發展出這套經濟的生產能力、大型生產公司、相關機制、關鍵技術（know how），甚至這類社會的語言。如同一位法國小說家在一九三〇年代所預言的，廣告賣的不只是貨品，還包括談論它們的形容詞。這點——而非下面這個幸運的事實：拜大英帝國之賜，英語成為全球通用的語言——正是美國文化霸權的本質。然而無論如何，除了示範作用之外，美國對二十世紀世界經濟發展的主要貢獻，都是由該國的政治所支撐：在歐洲的馬歇爾計畫，在日本佔領期間的土地改革，以及在亞洲為了韓戰和稍後的越戰所進行的軍事指揮。假使少了冷戰期間它在「自由世界」所享有的政治優勢，單憑美國的經濟規模，是否足以把美國做生意的方式、美國的信用評級機構、會計師事務所、商業合約慣例，更別提有關國際金融的「華盛頓共識」，變成全球通行的標準？這點很值得懷疑。

正因如此，古老的大英帝國並非也無法成為美利堅世界霸權計畫的典範——只除了一點。英國知道自己的限制，特別是其軍事權力在當前和未來的限制。做為一個中量級的國家，英國深知自己無法拿下世界重量級冠軍，這讓它得以免除妄自尊大的狂想，而那是可能成為世界征服者的職業病。大英帝國所佔據和統治的地區與人口，比世界上其他國家曾經佔領或可能統治的地區和人口都要來得大，但英國知道自己並未也無法統治整個世界，而它也不曾嘗試這樣做。英國的海軍雖然有很長一段時間在海上享有霸權，但並不是一支適合征服世界的武力。一旦英國以成功的侵略和戰爭確立了全球地位，它便盡其可能地置身於歐洲國家的政治之外，也完全不插手西半球的事。它努力維持世界其他地區的穩定，好讓自己得以順利推展商業，但它並不會告訴

42 E. D. Hirsch Jr, Joseph oseph F. Kett and James Trefil, *The New Dictionary of Cultural Literacy* (Boston and New York, 2002).

那些地區該做什麼。當西方的海外帝國時代在二十世紀中宣告結束之際，英國也比其他殖民者更早察覺到「改變之風」已經吹來。而且，因為它的經濟地位並非建立在帝國權力而是奠基在貿易之上，所以也比較容易調整政治上的損失，就像它曾經在早年歷史中調整過最嚴重的一次挫敗，亦即失去美洲殖民地那次。

美國會記取這項教訓嗎？還是會不顧一切地利用它的政治和軍事力量來維持自己備受侵蝕的全球地位？而在這麼做的同時，它所帶來的將不是全球秩序而是失序，不是全球和平而是衝突，不是文明進步而是野蠻主義。套用哈姆雷特的話，這才是問題所在。答案只有未來能告訴我們。還好，歷史學家不是預言家，提供答案不是我份內的工作。

## 第四章

# 論帝國終結

本文為二〇〇四年在希臘薩塞羅尼基大學接受榮譽學位時發表的就任演說。

請容我感謝你們，將這所傑出大學榮譽博士的頭銜頒授給我。薩塞羅尼基[1]對我而言是個極富意義的名字，不只因為我是猶太人，總是會回想起這個地中海地區最大猶太社群的榮耀和悲劇，也因為我是個社會主義者和勞工歷史學家。希臘社會主義最初就是透過薩羅尼加勞工聯盟[2]加入第二國際。由於長久以來薩羅尼加一直是個多民族的城市，因此其勞工運動有（也必須有）一種國際主義的意識。套用一句早期領袖的話，它試圖成為這樣一種運動，「可以讓所有民族無須放棄他們的語言和文化而支持該運動」。一九三六年，薩羅尼加起而反抗邁塔克薩斯[3]的獨裁政府，能在擁有這般歷史的城市裡接受這項授與，真是莫大的光榮。請接受我深深的致謝。

新博士必須發表就任演說。我打算針對帝國終結這個主題做評論。

在我出生之時，所有歐洲人生活其中的國家，都是傳統的王朝帝國或十九世紀殖民帝國的一部分，除了瑞士、北歐三國，以及鄂圖曼帝國在巴爾幹半島上的前附屬國公民——其中有一些人，例如塞薩羅尼基的居民，才剛於第一次世界大戰之前脫離鄂圖曼帝國。非洲的居民幾乎無一例外全都生活在帝國統治之下，同樣毫無例外的是，太平洋地區和東南亞大小島嶼上的居民。不過，由於古老的中華帝國在我出生前六年已走入歷史，所以我們可以說，亞洲的所有國家都是帝國的一部分，或許只有泰國

（當時稱為暹羅）和阿富汗可以在敵對的歐洲列強之間維持某種獨立。唯有美國以南的美洲，主要是由既無殖民附屬國也非殖民附屬國的國家所組成，雖然它們在經濟和文化上皆屬於依附狀態。

隨著我的年歲增長，這一切都已成為往事。第一次世界大戰將哈布斯堡帝國擊成碎片，並徹底瓦解了鄂圖曼帝國。要不是十月革命，這也將是嚴重衰落的俄羅斯沙皇帝國的命運，以及失去其帝國頭銜和殖民地的德意志帝國的命運。第二次世界大戰摧毀了曾由希特勒短暫實現的德意志帝國的潛力。它也摧毀了帝國主義時代大大小小的殖民帝國：大英帝國、法蘭西帝國、日本帝國、荷蘭帝國、葡萄牙帝國、比利時帝

1 譯註：薩塞羅尼基，即薩羅尼加（Salonika），希臘東北部馬其頓地區的首府。由於位於歐亞兩洲以及希臘半島與大陸之間的交通孔道，自古就是個多民族混居的城市，也是東正教、伊斯蘭教和猶太教混融的地區。一九四四年，佔領該城的納粹德軍，曾在此地屠殺大量猶太人。

2 譯註：薩羅尼加勞工聯盟（Workers Federation of Salonica），一九〇九年由薩羅尼加猶太勞工階級成立的組織，一九一八年與希臘其他左翼組織結合，共組希臘社會主義勞工黨（Socialist Workers' Party of Greece）。

3 譯註：邁塔克薩斯（Metaxas，一八七一—一九四一），希臘首相，軍人出身，支持君主專制政體，一九三六年出任首相，並在國王的默許下，實行獨裁統治直到去世為止。

國，以及殘餘的西班牙帝國。（順道一提，這場戰爭也讓美國在菲律賓和其他一些領地所進行的以歐洲為模式的短暫殖民之旅宣告結束。）終於，在上個世紀終了之際，歐洲共產政權的瓦解，也為做為多民族單一實體的俄羅斯（如同先前沙皇統治下的情況），以及做為中歐那個更為短命的蘇維埃帝國的俄羅斯，同時畫下了休止符。中心主宰國失去了它們的附屬依賴國，也失去了它們的權力。只剩下一個具有帝國潛力的強權留了下來。

三十年前，面對這場全球政治面貌的劇烈改變，我們大多數人皆抱持歡迎的態度；現在有許多人依然如此。然而如今，當我們從這個動亂不安的新世紀向後回顧時，今日的我們似乎不復具有冷戰時代那種相對的秩序感與可預測性。帝國的時代已經遠去，但到目前為止，並沒有任何可以實際取代它的東西出現。自一九一三年來，依賴附屬國的數量已增加了四倍，其中大部分是前帝國瓦解之後的碎片。理論上，我們如今生活在一個自由民族國家的世界，根據威爾遜和羅斯福總統的說法，這世界取代了帝國的世界，然而實際上，今日的我們可以說，這世界乃處於一種極度不穩定的國際性和國內性的全球失序狀態。在這些政治實體當中，有些顯然無法執行領土國家的基本功能，或是飽受分離主義運動的威脅，而且數量有日漸增多的趨勢。更有甚者，自冷戰結束之後，我們所生活的這個時代，在大多數的亞洲、非洲和歐洲，以及太平洋的部分地區，無法控制或只能勉強控制住的武裝衝突，已變成了根深柢固的痼疾。相當於種族滅絕的大屠殺和大規模的人口驅離（「種族清洗」）捲土重來，規模是二次大戰之後那幾年以來所僅見的。我們難道不該懷疑，在某些國家裡，那些前帝國的倖存者恐怕會對這樣的發展深感懊悔？

為什麼那些帝國應該被懷念？在某種程度上，官方與民眾的記憶是建立在帝國消失了多久之上，而非它是否留下繼承人。羅馬帝國，不論是西羅馬或東羅馬，都已徹底毀滅，而且已經毀滅了很久，根本找不到任何繼承人，然而它在這個世上所留下的印記，即便是在它不曾統治的地區，都非常巨大而驚人。亞歷山大大帝的帝國早已遠去，成吉思汗和帖木兒的也是，烏麥耶（Umayyads）與阿拔斯（Abbasids）的伊斯蘭帝國亦然。比較晚近的哈布斯堡帝國，已於一九一八年完全崩潰，由於哈布斯堡帝國在結構上是完全去民族的，所以和今日那個被稱為奧地利的民族小國並沒有任何實質上的連貫性。然而，某些連貫性經常是存在的，尤其是因為許多帝國都是最近才宣告結束，在先前的宗主國裡，往往有一段時期會伴隨著相當程度的政治和心理壓力。確實，今日沒有哪個曾經統治過殖民帝國的國家打算復辟或有可能復辟，但是，在那些前帝國的中心母國以實體國家（通常是採取民族國家方式）存在的地方，經過一段時間之後，人們總是會帶著驕傲與鄉愁頻頻回顧過去那段偉大的歲月。可以理解的是，人們也總是會誇大帝國的好處，說帝國曾經為臣民帶來種種德政，像是法律和秩序，還有，有些（但非全部）逝去的帝國比起後來承繼它們的民族國家更為寬容種族、語言和宗教上的多元性——這點倒是比較公允一些。然而，如同一位談論帝國的作者在評論馬佐爾教授[4]那本關於其出生城市的社會史名作時所指出的，「這種帝國的理論好到不可能是真的。」[5]帝國的真實情形不該交託給選擇性的鄉愁。

今日，只有一種集體性的帝國記憶具有務實性。那就是在情感上認為，帝國得以征服和統治世界的優勢，乃建立在優越的文明之上，這種情感很容易和道德優越感或種族優越感產生共鳴。在十九世紀，這兩種優越感通常攜手並進，但是納粹德國的歷史經驗已經排除掉文雅有禮的種族優越感論述。然而，以心照不宣而非公開明言的方式表達西方人具有道德優越性的情形，依然存在。它表現在堅信我們的價值和制度比其他人的好，而且，為了他們的利益著想，可以或應該把這些價值和制度強加到他們身上，如果有需要，甚至不惜使用武力。

認為就歷史而言，帝國和帝國主義確實為落後地區帶來文明，為當地的無政府狀態賦予秩序，這種說法雖然不全虛假，卻頗值得懷疑。從第三到第十七世紀，大多數帝國都是來自亞洲或地中海文明外圍的戰士部落進行軍事征服的產物。這些征服者在文化上是比較落後的，它們對往往較為先進的被征服地區除了刀劍之外，根本沒帶來任何東西，假使他們想在當地維持政權，就必須使用被他們擊敗地區的基礎建設，並和當地的專家合作。只有阿拉伯人，帶著他們的書寫文字和宗教，為被征服地區帶來了一些新東西。征服美洲、非洲和太平洋地區的歐洲人，在科技上確實優於在地社群，不過對亞洲和伊斯蘭地區而言，一直要到十九世紀這項優勢才告出現。殖民附屬國最後終於被整合到一個以西方為中心的世界經濟之中。但我們大可質問，除了對殖民美洲的歐洲移民後裔之外，這張殖民時代的資產負債表對美洲居民到底有多正面。或舉一個更近代的例子，對撒哈拉沙漠以南的居民又有多正面。

4 譯註：馬佐爾（Mark Mazower，一九五八—），著名的巴爾幹史和歐洲史學者，出生於希臘薩羅尼加，著有《新黑暗大陸》（*Dark Continent*）、《巴爾幹》（*The Balkans*）和《鬼城薩羅尼加》（*Salonica, City of Ghosts*）等書。

5 Jan Morris, 'Islam's Lost Grandeur' in the *Guardian*, 18 September 2004, p.9.-a review of Mark Mazower, *Salonica, City of Ghosts: Christians, Muslims and Jews 1430-1950* (London, 2004).

至於帝國的前臣民，他們對於帝國的記憶就比較含糊曖昧。先前帝國的大多數殖民地或其他附屬國，如今都已陸續轉型為獨立國家，這些國家不論多新或多無前例，仍像所有的國家一樣，都需要國旗和歷史。因此，它們對於前帝國的記憶，幾乎都是由新國家所創造的歷史所主導，這些歷史多半是採取抗爭建國或解放建國的神話形式。於是很自然的，這類歷史對於帝國統治的時代，往往抱持千篇一律的負面看法。對於這類歷史，我們通常要用歷史懷疑論來檢驗。這類敘述傾向於誇大解放軍的獨立角色，低估未參與解放運動的在地勢力，並過度簡化帝國和其臣民之間的關係。即便是在擁有長期解放抗爭歷史的國家，脫離帝國的過程往往也比官方民族主義版的歷史所允許的要來得複雜。事實是，導致帝國終結的原因，很少只是因為其臣民的起而抗爭。

帝國與其臣民之間的關係是複雜的，因為帝國得以持續統治的權力基礎也是複雜的。短時間的外來佔領，基本上可以依賴軍事力量以及敢於採取高壓政策和恐怖主義，然而單憑這些並無法確保外來統治長久持續，特別是因為這類統治幾乎總是由相對甚至絕對少數的外來者所執行。請記住，負責統治印度帝國之四億人口的英國文官，從未超過一萬人。從歷史上看，帝國可以靠武力征服，以恐怖打造——套用美國五角大廈的說法，就是「震撼與威懾」——但如果想維持下去，就必須倚賴兩個主要工具：一是與在地利益和統治權力的正當性合作，二是利用其對手和臣民之間的不團結（分裂而控制）。伊拉克當前的情勢便說明了，一旦少了這兩項工具，即便是最強大的佔領軍也得面臨重重困難。

正是因為這個原因，古老的帝國時代才無法於今日復活，更別提是由單一的超強來恢復。正式或非正式的西方帝國主義的最主要資產之一是：在那時，「西化」乃落後經濟得以現代化和衰落國家得以強大的唯一典範。這點使得西方帝國或傳統帝國的現代化都會，對於渴望戰勝當地落後局勢的在地菁英而言，具有一種內建式的信譽。即便當本地的現代主義者最後終於轉而反抗外國統治時，西化依然是他們追求的目標，就像印度與埃及所示範那般。於是我們會看到一種非常弔詭的現象，那就是，印度國歌的創作者，竟然是曾經在英屬印度的文官機構裡服務多年的印度人。然而，工業經濟的全球化已經讓全世界都現代化了。南韓根本不必從美國那裡學習什麼，反倒是美國得從印度進口軟體專家，然後把辦公室作業系統出口給斯里蘭卡，而巴西如今的出產品可不只是咖啡，還包括公務專用飛機。亞洲人可能還是會認為把子女送到西方接受教育是有用的，在那裡，他們往往是接受亞洲移民教授的教導，但他們已經不再需要西方人在他們的國家裡進行社會現代化的工作，更別提發揮在地的政治權力和影響力。

然而那些自稱為帝國的國家，甚至得面對更嚴重的不利條件。他們再也無法倚賴其臣民的順從。而且，感謝冷戰的遺產，那些拒絕順從的國家如今可以取得充足而強大的武器阻止大國迫近。過去，這類國家可以由相對少量的外國人進行統治，因為當地人民早已習慣接受由上而下的統治，所以不會拒絕任何具有實質權力的政權，不管統治者是當地人或外國人。帝國統治一旦確立之後，唯一會面對的抵抗，是來自那些拒絕接受任何中央政權（不管是當地人或外國人）的人民，而這些人民多半是居住在諸如阿富汗、柏柏（Berber）和庫德山區，都是一些文明控制無法觸及的地區。但即便是這些人，他們也知道自己必須與蘇丹、沙皇或拉賈的強權和平共存。今日，如同非洲的法國前附屬國所展現的，在正式去殖民化後的數十年間，單憑少數的法國軍隊，再也無法維持當地政權。今日，事實已經證明，有好幾十年的時間，即便全副武裝的政府，也無法在他們的領土上維持不受挑戰的統治——例如斯里蘭卡、印度的喀什米爾、哥倫比亞、加薩走廊和約旦河西岸，或貝爾發斯特。如今，國家的權威和政府的合法性確實面臨了普遍危機，即便是在諸如西班牙和英國這類古老而穩定的歐洲國家的本土區域亦然。

在上述種種條件之下，我們看不出有任何前景可以回復過去的帝國世界，更何況是史無前例地由美國這樣一個單一國家所建立的全球帝國霸業，不論美國的武力有多強，都不足以維持這樣的帝國。帝國的時代已經結束了。我們必須尋找另一種方式，來組織二十一世紀的全球化世界。

第五章

# 新世紀的民族與民族主義

本文為二〇〇四年為德文版《民族與民族主義》所寫的新版序。

今日，討論民族與民族主義之本質與歷史的學術研究越來越多，而且主要是在一九八〇年代幾部影響深遠的文本出版之後相繼問世。[1]自此，針對相關主題的討論便持續不斷，然而，隨著跨入二十一世紀，我們或許應該停下腳步，想想過去幾十年來，有哪些重大的歷史轉變影響了這項討論。其中最主要的一項，就是自一九八九年起，一個國際動盪的時代拉開了序幕，至今仍無法預見其可能的終結時間。而這正是我們要注意面對的問題。

此刻，我們比較容易為冷戰和蘇聯終結的深遠結果和其影響範圍做出評斷，從後見之明的觀點，冷戰與蘇聯這兩者，皆可視為政治上的穩定力量。自一九八九年起，國際強權體系就已不復存在，在歐洲歷史上，這是十八世紀以來頭一遭。想以單邊力量建立全球秩序的企圖，至今仍未成功。與此同時，我們在一九九〇年代看到舊世界的大部分地區出現了明顯的巴爾幹化，主要是因為蘇聯和巴爾幹共產政權的解體——也就是說，這是帝國主義時代的歐洲帝國自第二次大戰結束至一九七〇年代進行去殖民化以來，獲得國際承認的主權國家數量最大規模的一次增加。聯合國的會員數自一九八八年來增加了三十三國（或說超過百分之二十）。這段時期也看到了所謂「失敗國家」（failed states）的興起，失敗國家也就是中央政府處於實質崩潰狀態的國家，或是在某些名為獨立國家的某些區域內部，其武裝衝突宛如痼疾般無法根絕，這類國家在非洲和前共產主義的後繼國尤其常見，但在拉丁美洲至少也有一塊地區是如此。事實上，在蘇聯剛瓦解那幾年，即便是它最主要的繼承者俄羅斯聯邦，看起來也差點要加入「失敗國家」的行列，所幸普丁總統（President Putin）的政府努力恢復了國家的實際權力，希望將之擴展到聯邦共和國全境，除了車臣之外，目前看起來似乎是成功的。然而整體說來，這世界的大部分地區依然是處於國際和國內的雙重動盪之中。

這種不穩定的情況，又因為長久以來一直掌握在政府手中的武力獨佔權逐漸衰落，因而出現戲劇性的惡化發展。冷戰為小型但火力超強的武器以及各種毀滅性裝置留下了無遠弗屆的全球供應網，可供非政府組織使用，這些組織也很容易從急速擴張的全球資本主義經濟體系中那個巨大而無法控制的半合法部門裡，取得財政資源。當前美國戰略討論中所謂的「不對稱戰爭」（asymmetrical warfare），正是由這類非國家

1 特別是 Ernest Gellner, *Nations and Nationalism* (Oxford, 1983); Benedict Anderson, *Imagined Communities: Reflexions on the Origins and Spread of Nationalism* (London, 1983); and A.D. Smith, *Theories of Nationalism* (London, 1983). 亦參考 Eric Hobsbawm, *Nations and Nationalism since 1780* (Cambidge, 1990).

的武裝團體所組成，它們有辦法靠自己的力量幾乎無限期地與外國或本土政權對抗。

上述發展所導致的惱人結果之一，是自二次大戰結束那幾年之後，全球頭一回再度陷入流行性的屠殺、種族滅絕和「族裔清洗」狂潮。一九九四年八十萬人在盧安達遭到屠殺一事[2]，只是這一系列大規模謀殺中最嚴重的一例罷了，一九九〇年代甚至有更為持久的大規模驅離行動——在西非和中非，在蘇丹，在一度是共產主義國家的南斯拉夫的廢墟上，在外高加索，在中東。被一九九〇年代幾乎不曾中斷的戰爭與內戰所吞噬的傷亡人數，目前依然很難估計，但在這悲慘的十年裡隨之而來的難民和其他移置人口的洪流，其強度和二次大戰及其餘波時期那幾年絕對同等巨大。根據聯合國難民事務高級專員辦事處在二〇〇五年所做的估計，全世界的難民總數計有二千零八十萬人，其中又以西亞、南亞、非洲和東南歐的某些地區佔有壓倒性的多數；不過若根據基督教會世界服務社（Church World Service）二〇〇五年十二月所出版的《失根人民統計》（*Statistics of Uprooted Peoples*）中的記載，這個數字提高到三千三百萬人，而另一項估計又增加了兩百萬人。

冷戰時期，美蘇兩大超強大體上維持了世界各國疆界的完整性，協助它們對抗來自內部與外部的威脅。自從一九八九年後，再也沒有這類先驗防禦部隊擋在路上，阻止於一九四五年至二〇〇〇年間成立的許多名義上的獨立主權國家之中央政府走上崩潰一途，甚至連哥倫比亞這樣的老牌國家也無法倖免於難。於是這世界的大部分地區，發現自己重新陷入一種局勢，在這種局勢裡，那些強大而穩定的國家，基於種種原因或假藉種種託辭，以武力介入那些不再能得到國際安定保護的地區，或那些其自身政府無法控制的地區。在諸如伊斯蘭世界這類重要區域，當地人對於自己在脫離殖民解放沒多久之後再次遭到西方人入侵和佔領一事深感憤慨，而這股憤怒已變成強而有力的政治要素。

第二個影響民族與民族主義問題的新衝擊，是全球化過程在近幾十年來的激速成長，以及它對人類的移動和流動性的影響。它影響了暫時性與持久性的跨國界移動，而且兩者的規模都是史無前例的。二十世紀終了之際，全球航線每年大約運輸了二十六億人口，全球平均每兩個居民就有過一趟空中之旅。至於全球化的國際大遷徙——

2 譯註：盧安達大屠殺，指一九九四年四月六日盧安達胡圖族（Hutu）總統的座機遭地對空飛彈擊落之後，所引爆的屠殺事件。相互殘殺的兩造，是佔盧國境內約八成人口的胡圖族，與人口雖少但多屬於各階層菁英的圖西族（Tutsi）。這兩個部族曾在一九五六年爆發內戰，並導致二十萬圖西人逃亡到鄰近的烏干達。

通常是從貧窮經濟國移往富裕經濟國——其規模在美國、加拿大和澳洲這類國家尤其明顯，因為它們對於移民並未施加太多限制。這三國在一九七四至一九九八年間，從世界各地幾乎接收了兩千兩百萬移民，比一九一四年之前那個移民偉大時代的總數還多，而且每年湧入的人數將近是一九一四年之前的兩倍。[3]單是一九九八年至二〇〇一年，這三國就流入了三百六十萬移民。即便是歐洲，這個長久以來都有大量居民移出的地區，也在這段期間吸納了將近一百一十萬名外來者。這股流動的速度到了新世紀更是有增無減。一九九九年到二〇〇一年間，總計有大約四百五十萬移民遷入歐盟十五國境內。試舉一例說明，一九九六年至二〇〇三年間，合法居住在西班牙境內的外國人數增加為三倍之多，從五十萬增加到一百六十萬，其中三分之二來自歐盟以外的地區，大多是非洲和南美。[4]富裕國家大城裡令人咋舌的全球化現象，正是其明顯的結果之一。簡言之，在歐洲這個民族主義的發源地，世界經濟的轉型正在迅速吞噬由二十世紀的戰爭以及種族滅絕和人口大量遷徙所導致的結果，亦即一幅由具有族裔同質性之民族國家所拼成的馬賽克。

感謝科技界在運輸通訊價格及速度上所做的革命，二十一世紀的長距離移民再也無須和他們的故鄉切斷實際聯繫，不像他們十九世紀的老前輩那樣，只能藉由信件和偶爾的返鄉與家園通聯，或是透過移民組織的「長距離民族主義」來資助故國的政治組織。發達的移民如今可以在新舊國家的家庭之間，甚至在工作和事業之間通勤。北美各機場一到週末，就被中美洲人給淹沒，他們帶著各式電子伴手禮返回某個薩爾瓦多或瓜地馬拉的村落。只要一接獲位於某一國（新或舊）的家庭聚會通知，就會有來自全球三大陸的朋友和親戚飛去參與。即便是最貧窮的移民，如今也能以非常便宜的電話打回孟加拉或塞內加爾，並將匯款定期寄回故鄉，這類匯款金額在二〇〇一年到二〇〇六年間增加了兩倍，如今已變成其本國經濟的支柱，大約佔北非和菲律賓國內生產毛額的百分之十，佔中美洲和加勒比海地區的百分之十到十六，在約旦、黎巴嫩和海地這類經濟低迷的國家，其百分比更高。[5]在二〇〇四年之前那十年間，允許雙重國籍的國家數量增加了一倍，計有九十三國。[6]事實上，移民如今已不再意味著得

---

3 Angus Maddison, *The World Economy: A Millennial Perspective* (OECD Development Centre, Paris, 2001), p. 128.

4 *El Pais*, 13 January 2004, p. 11.

5 *Stalker's Guide to International Migration*, table 5, 'Developing Country Remittance Receivers' (2001); (http://pstalker.com/migration/mg_stats_5.htm).

6 (http://money.cnn.com/2004/10/08/real_estate/mil_life/twopassports/).

在兩國之間做出永久的選擇。

這場在民族與民族主義舊觀念中非比尋常的跨國界移動，其效應究竟如何，今日我們還無法判斷，但無疑是相當巨大的。就像安德森（Benedict Anderson）敏銳觀察到的，二十一世紀代表身分的最重要文件不再是民族國家的出生證明，而是代表國際身分的文件——護照。實際或潛在的雙重國籍——例如，前共產國家政治人物的美國背景，以及美國猶太人對以色列政府的認同——其影響到底有多深遠？或說，這對公民對其國族的忠誠度究竟會有多大的影響？[7]當一個國家有相當大比例的居民不管任何時候都不住在其國族領土上，以及當有相當高比例的永久居民其權利低於土生土長的公民時，所謂「公民」的權利和義務，究竟意味著什麼？這種大規模的合法和非法遷徙，對於國家控制境內事務的能力日益衰落，或甚至是對其境內的人口數越來越無法明確掌握——例如美國和英國所做的人口普查已越來越不可信——又產生了多大的影響？這些都是我們必須探詢的問題，但目前仍找不到任何解答。

第三點是對於外國人的排外主義，這並非二十一世紀的新現象，但在我先前討論現代民族主義的作品中卻低估了它的程度和意含。在民族與民族主義的歷史發源地歐洲，以及諸如美國這類由大量移民所組成的國家，這波全球化的新遷徙運動，已經強化了長久以來大眾經濟對於大規模移民的仇視，並對群體文化認同的威脅感到抗拒。這種仇外心態的力道之強，從全球化自由市場資本主義的意識形態有能力主導國家政府和國際機構的政策，也能夠確保資本和貿易在國際上自由流動，但卻沒法讓勞工在國際間自由流動，便可見一斑。沒有任何民主國家膽敢支持這樣的流動。然而，這種仇外心理的明顯升高就和大規模的國際人口流動一樣，可說是二十世紀末到二十一世紀初社會劇變和道德崩解的反映。這種結合具有爆炸性的本質，特別是在族裔、信仰和文化同質性很高的國家，或那些不習慣外來者大量湧入的地區。正是由於這個原因，當最近挪威境內有人提議把一座長久閒置的基督教禮拜堂改建成清真寺，好做為日益興盛的移民宗教的祈禱所時，這個素以寬容平和著稱的國度，竟也為此而引發一場短暫的騷動；也正是因為如此，在舊歐洲這個民族主義發源地裡閱讀本書的每一位讀者，幾乎都會對這樣的反應心有戚戚焉。

全球化、民族認同和仇外心理這三者的辯證關係，在足球這項同時結合了三種特

---

7 Benedict Anderson, *The Spectre of Comparisons: Nationalism, Southeast Asia and the World* (London and New York, 1998), pp. 69-71.

色的公共活動身上，得到最戲劇性的寫照。感謝電視全球化之賜，這項舉世通行的運動，已經轉變成一種遍及全世界的資本主義工業複合物（雖然和其他全球化的商業活動相比，它的規模並不算太大）。有段話說得很好：「在民族情感和舊世界最後的情緒庇護所，以及跨國性和通往新世界之跳板這兩股力量的撕扯之下，足球迷和所有被這項運動吸引的人，就像患了名副其實的精神分裂症。其複雜萬端的特質，正是我們所生活的這個曖昧世界的完美寫照。」[8]

幾乎從這項運動一取得廣大群眾的喜愛開始，它就是以下兩種群體認同的催化劑：在地的（俱樂部）和國家的（從球隊選出的國家代表隊）。在過去，這兩者是互補的，但是當足球轉型為一種全球事業，特別是在一九八九年和一九九〇年間足球員的全球市場急速興起之後（尤其是在一九九五年歐洲法院作出博斯曼條例[9]之後），[10]國家、全球企業、政治、經濟和民眾情感之間的利益，就變得越來越無法相容。本質上，全世界的足球事業乃是由少數幾個擁有全球品牌的資本主義企業的帝國主義所掌控——以某些歐洲國家為基礎的少數幾支超級俱樂部，對抗另一個既是國家更像國際的聯盟。它們的隊伍成員是跨民族的。它們的成員當中通常只有少數，甚至是極少數的本國球員。從一九八〇年代開始，更是經常從非歐洲人中引入新血，尤以非洲人居多，據說，二〇〇二年時，總計有三千名非洲人在歐洲聯隊踢球。

這項發展的效應是三重的。只要俱樂部依然是關注的焦點，就會嚴重削弱所有那些不屬於國際超聯和超競者的地位，尤其是那些身為球員主要輸出地區的俱樂部，特別是美洲和非洲——這點從先前擁有傲人俱樂部的巴西和阿根廷如今所面臨的危機就足以證明。[11]至於歐洲內部，小俱樂部則主要是靠購買便宜的球員——例如有天份的

---

8 Pierre Brochand, 'Economie, dipolmatie et football' in Pascal Boniface (eds), *Géopolitique du Football* (Brussels, 1998), p. 78.

9 譯註：博斯曼條例（Bosman Ruling），博斯曼是比利時職業球員，效命於乙級球隊列日（RFC Liege），一九九〇年他和俱樂部的合約到期，打算轉隊到法國的敦克爾克（Dunkerque），但敦克爾克無法支付列日要求的轉會費，所以列日拒絕讓博斯曼轉會。與此同時，博斯曼被列日從一隊名單中剔除，並遭到減薪，博斯曼於是將列日告上歐洲法院，一九九五年十二月十五日，歐洲法院判決博斯曼勝訴，從此之後，所有歐盟成員都可以在合約期滿後自由轉會。

10 University of Leicester, Centre for the Sociology of Sport, Fact Sheet 16: *The Bosman Ruling: Football Transfers and Foreign Footballers* (Leicester, 2002).

11 Cf. David Goldblatt, *The Ball Is Round: A Global History of Football* (London, 2006), pp. 777-9. 亦參考 'Futbol, Futebol, Soccer: Football in the Americas'. Institute of Latin American Sutdies Conference, 30-31 October 2003, London (http://www.sas.ac.uk/ilas/sem_football.htm).

海外新秀——來維持與大俱樂部的競爭，希望能藉此把它們發掘的新秀轉賣給超級俱樂部。來自納米比亞的年輕球員在保加利亞踢球，來自尼日的去了盧森堡和波蘭，來自蘇丹的在匈牙利，來自辛巴威的在波蘭，等等。

效應二是，企業的超國界邏輯與足球做為一種民族認同的表徵有所衝突，因為它傾向支持超級俱樂部之間的國際競賽勝於傳統的國家聯賽和國家盃，也因為超級俱樂部的利益，與擔負民族認同之政治和情緒重責的國家代表隊的利益是處於競爭態勢，而國家代表隊又必須從那些具有合格國家護照的球員中徵選。國家代表隊和超級俱樂部（其中有些確實比國家代表隊要來得強）不同，它們是暫時性的。如今，它們比較像是球員的集合，其中有許多——以巴西的情況為例則是大多數——是在某個海外球隊踢球，在他們因為入選為國家代表隊而必須接受短期集訓的那段缺席時間，他們原本所屬的海外球隊可是每天都在損失金錢。從超級俱樂部和超級球員的觀點來看，俱樂部往往比國家重要。然而與經濟無關的民族認同的必要性，還是強大到足以讓俱樂部和球員參與這場遊戲，也的確強大到足以把世界盃這場國家足球隊的競賽，打造成全球足球經濟績效中最強有力的單一要素。確實，有幾個非洲和亞洲國家，其球員如今在主要的俱樂部經濟中變得相當有名（和有錢），對這些國家而言，國家代表隊的存在已經為它們建立了（有時甚至是頭一次建立了）一種獨立於地方、部落或信仰認同的民族認同。因為「數百萬人的想像共同體似乎因為一支由十一個有名有姓的人所組成的隊伍而變得更真實」。[12]沒錯，即便是最近才剛復活的英格蘭民族主義，也是在大規模的國際英格蘭足球隊旗（有別於蘇格蘭、威爾斯和北愛爾蘭）公開展覽中，找到第一次向公眾發聲的機會。

第三項效應或許可以在足球迷（男性佔壓倒性多數）中日益明顯的排外心理和種族主義行為中看到，特別是帝國主義國家的足球迷。他們一方面對自己的超級俱樂部或國家代表隊深感驕傲（包括他們的外籍或黑人球員），一方面又對長久以來被他們視為低下人民的競爭對手越來越傑出的表現憤憤不滿。這些在足球場上爆發間歇性民族主義的國家，都不是先前以種族主義聞名的國家——西班牙、荷蘭——而這種足球流氓與極派右派政治的結合，正是這類緊張關係的具體表現。

然而，如同我已指出的，當一個擁有普及教育且取得媒體相當容易的民族國家，其排外性的集體認同政治——不管是族裔的、宗教的、性別的或生活風格的——努力

12 Eric Hobsbawm, *Nations and Nationalism* (Canto edition), p. 142.

想在日益疏離的社會中，復興一種虛假的共同體，這種排外心態其實也反映了想在民族國家內部以文化來界定民族認同所面臨的危機。當初將農民轉變成法國人以及將移民轉變成美國人的過程正在反轉，這個反轉的過程把大群體的民族認同壓碎成利己主義的團體認同，甚至輾碎成「造福我者，是我祖國」這種反民族的個體認同。而這又反映出，民族國家的正當性對居住在其領土上的居民而言已日漸衰落，而民族國家能加諸在公民身上的命令也越來越稀少。如果說二十一世紀的國家比較喜歡用職業軍人去打仗，或甚至與私人承包商簽訂軍事服務合同，其原因不只是基於科技考量，更是因為國家如今已無法倚賴數百萬徵召而來的公民願意在沙場上為祖國效死。男人或女人可能更願意為錢而死（或說更願意為錢而殺），或為其他更小或更大的東西而死，但在歐洲這塊民族起源地上，已經沒人願意為民族國家而死了。

那麼，在二十一世紀，是否有任何東西可能取代民族國家而成為人民政府的普遍模式？我們現在還不知道。

第六章

# 民主的前景

本文最初是二〇〇〇年在詩人會社講座發表的演説。

有些字眼，沒有人想和它們公開扯上關係，像是種族主義與帝國主義。相反的，有另一些字眼，卻是每個人充滿熱情汲汲想展現的，例如母親和環境。民主也是其中之一。大家不妨回想一下過去有段時間那些「真實存在的社會主義」國家都叫些什麼名字，即便是最風牛馬不相及的政權，比方說北韓、波布的柬埔寨和葉門，也會在它們的官方頭銜中放進「民主」兩字。當然啦，到了今天，除了某些伊斯蘭神權政府和亞洲的世襲王國與酋長國之外，根本找不到任何政權不會在憲法或社論上對透過競選產生的議會和總統表達官方的稱頌。在人們的觀念中，擁有這類屬性的國家總是優於沒有這類屬性的國家，例如後蘇聯時代的喬治亞相對於蘇聯時代的喬治亞，以及腐敗的巴基斯坦文人政府相對於巴基斯坦的軍事政權。不管瑞典、巴布亞紐幾內亞和獅子山三國之間的歷史和文化有多不同，在形式上人們還是會根據它們憲法中的共同特質，也就是民選總統制度的存在，而把它們劃歸為同一類，然後把巴基斯坦和古巴劃分為另一類。正因為如此，我們一方面需要公開理性地討論民主，但另一方面，這樣的討論卻又極其困難。

此外，假使撇開所有的修辭因素，今日就如同杜恩教授（Professor John Dunn）所說的，不論多麼短暫，至少是「人類歷史上頭一次，有一種單一而明確的政府主流形式，亦即現代化的立憲代議民主共和國」。[1]不過我們還是必須指出，今日，我們可以在君主政體中找到最高比例的政治穩定系統，而且這些國家在所有公正無私的觀察家眼中都可稱之為民主，因為在這樣的政治環境中，也就是在歐盟和日本，這種政體似乎生存得最好。

的確，在我們這個時代的政治論述中——這時代的所有政治論述，套用偉大的霍布斯在《巨靈》（*Leviathan*）一書中所說的，都是「無意義的言說」——「民主」就意味著標準的政府模式：即保證會實施法律統治並授與種種公民權以及政治權利與自由的憲政國家，由包括代議會在內的政府當局所統治，代議會必須透過普選產生並得到大多數公民的授權，這類選舉必須定期舉行，並有彼此競爭的候選人或組織。歷史學家和政治學家可能會正確地提醒我們，這並非民主的原始意義，當然更不是唯一的意義。不過就這篇文章的宗旨而言，這已是題外話。我們今日所面對的民主是所謂的「自由主義式民主」（Liberal democracy），而其前景則是我今日要探討的主題。

不過稍微回憶一下下面這段歷史，或許和我們的主題還是有關的，那就是：構成

1 John Dunn, *The Cunning of Unreason: Making Sense of Politics* (London, 2000), p. 210.

「自由主義式民主」的那一整團形形色色的成分之間，並沒有邏輯上的必然關聯。非民主國家也有可能是建立在法律統治（Rechtsstaat）的原則之上，普魯士和帝制德國無疑就是這樣的代表。而憲法，即便是實際付諸執行運作的憲法，也不必然是民主的。自從托克維爾和穆勒（John Stuart Mill）之後，我們都知道自由和容忍少數這兩件事，經常是受到民主的威脅而非保護。而自從拿破崙三世之後，我們也都了解，靠著政變取得權力的政府，只要在取得權力之後藉助男性普選這項工具，就可以成功贏得多數人的支持。另外，雖然在美國的政治修辭中，資本主義和民主幾乎就像連體嬰一樣不可分離，然而在一九七〇和一九八〇年代，不論是南韓或智利，都沒表現出這兩者之間具有任何有機性的關聯。還有，既然我們討論的主題是當前政治和社會的實況而非理論，那麼除非能舉出足夠的例子證明大多數的自由主義式民主都是建立在其憲法的自由成分之上，而非其民主成分之上，或更確切的說法是，而非其選舉成分之上，否則所謂的自由主義式民主，就只是一種學術空言罷了。自由投票並不能確保人民的權利，它只能讓人民（理論上）罷除不受歡迎的政府。

接下來這三項批判性的看法就跟本文的主題息息相關。

第一點相當明顯，但其重要性常遭人忽略。自由主義式民主就像其他政體一樣，需要一個讓它可以行使的政治裝置，通常是那種被稱之為「民族國家」的國家。它無法適用於不存在這類裝置的地方，或看起來快要有這類裝置的地方，尤其是與國際事務有關的裝置，無論那些事務對我們而言有多迫切相關。不論聯合國的政治可以被形容為什麼，都無法套入自由主義式民主的框架，除了做為演講的主題之外。至於歐盟能否如此，還有待觀察——這是相當保留的一種說法。

第二點是要對一般人廣泛抱持——在美國的公共論述更是普遍抱持——的看法提出質疑，亦即：自由主義式的民主政府總是優於非民主的政府，至少是比較受到人民歡迎的。在其他條件全都相同的情況下，這無疑是真的，但其他條件往往並不相同。我不會要你們拿赤貧的烏克蘭當例子，該國取得民主政治（或多或少）的代價是，至少失去了該國在蘇聯時代國民生產的三分之二。還是來看看哥倫比亞吧，就拉丁美洲的標準而言——事實上，是就今日普遍接受的標準而言——該國的憲政代議制民主政府堪稱是獨一無二的罕見珍寶，不但貨真價實而且持續不斷。兩個競選黨派——自由黨和保守黨——就像理論上要求的那樣，在政治事務上彼此競爭。哥倫比亞從未在軍事或民粹強人的統治下超過短暫時期。然而，雖然該國從未捲入國際戰爭，但是過去五十年來，該國有數以百萬人遭到殺害、殘肢及驅離家園。幾乎可以肯定地說，這數字遠超出西半球的任何國家。而且肯定比這塊素以軍事獨裁政權惡名遠播的大陸上的任何國家，都要來得多。這麼說並不表示我認為非民主政權比民主政權來得好。這麼說只是要提醒大家注意這個經常被忽略的事實，國家的安寧福祉並非建立在是否具有任何單一品牌的機制安排之上，不論該機制在道德上多麼值得讚美。

第三點是邱吉爾的名言：「民主是所有政府中最糟的，除了其他那些。」儘管這句話一般都被認為是支持代議制的自由民主政體，但其實表達了非常深刻的懷疑主義。無論選舉修辭說得如何天花亂墜，政治分析家和參與者始終非常懷疑代議制的大眾民主，是否能做為運作政府或任何機構的有效方式。這套架構對民主而言基本上是負面的。即便是做為其他系統的替代性選擇，我們也只能一邊嘆氣一邊為它辯護。在二十世紀的大半時間裡，這點並不太構成困擾，因為挑戰它的其他政治系統——在二次大戰結束之前，挑戰者是左右兩派的獨裁主義者，而在冷戰結束之前，則主要來自左派的獨裁主義者——都很糟，至少比起大部分的自由主義式民主似乎都很糟。一直要到做為一種政府制度的自由代議式民主，其內在缺點在嚴肅思想家和諷刺作家眼中都變得極為明顯時，這問題才開始嚴重起來。的確，即便連政客們也對這些缺點廣泛討論、直言不諱，甚且非常不智地公開說出他們心中對於投票大眾的真正想法，完全忘了那些大眾正是他們的選票父母。在早已建立代議政府傳統的國家裡，人們之所以接受這套制度不僅是因為其他選項糟多了，也是因為——不像在世界大戰和全球經濟大災難的那個可怕年代——很少人真心覺得有必要取代這項制度，尤其是在一個經濟普遍繁榮、即便連窮人的生活都有所改善、而且公共福利制度相當完整的時代裡。這麼說當然並不意味著，全球如今於名義上採用代議政府的國家，大部分都處於類似這樣的幸福時光。

批評自由主義式民主政府的選戰修辭，向來是件無聊的事。然而有一點倒是不容否認：除了神權國家之外，「人民」（不論是根據何種定義所界定的人類群體）如今已成為所有國家政府的基石和共同的參照點。這不只是無可避免更是理應如此的事，假使說政府有任何宗旨，當然就是應該以全體公民之名發言，並照顧全體公民的福祉。在這個常民的時代，所有政府都是人民的政府，也是為了人民而統治的政府，不過很明顯的是，在任何操作意義上，這類政府都無法由人民所統治。這點通用於所有類型的政府，不論是自由民主的、共產主義的、法西斯或民族主義的都一樣，儘管它們對於如何形構、表達和影響「人民的意志」，想法並不相同。這正是二十世紀這個總體戰爭與統合經濟的時代，留給二十一世紀的遺產。其基礎不只建立在平等主義之上，亦即人民不願意再屈居於社會階層裡的低下位置，接受「天生」高人一等者的統治，也因為直到目前為止，現代式的民族國家、經濟和社會體制，若少了絕大多數公民的被動支持、甚或積極參與及動員，勢必將無法運作。即便是打算對其人民採取無限制高壓統治的政權，也不得不藉助大眾宣傳這項必備工具。一旦失去了人民對政權的順服，就算是獨裁政治也無法長久維持。正因如此，當人民的不滿達到爆炸點時，東歐那些所謂的「極權」政府——擁有忠誠的國家機制和運作完善的壓迫機器——才會如此迅速無聲地消亡。

這是二十世紀的遺產。到了二十一世紀，這還會成為人民政府，包括自由主義式民主政府的基礎嗎？這場講座的看法是，在全球化資本主義發展的現階段，這塊基石已經遭到侵蝕，而且就目前所知的情況，這對自由主義式民主將產生嚴重的影響，並且已經開始發酵。今日的民主政治乃建立在兩個假設之上，一是道德性的，或你比較喜歡稱之為理論性的，二為實際面的。就道德面而言，它需要大多數的公民表示自己願意支持該政權，而所謂的公民，一般指的是該國居民的大部分成員。然而，在實行種族隔離制度的南非，無論這項安排對當地白人而言有多民主，但一個長久剝奪其大多數居民之選舉權的政權，無論如何都談不上民主。這種表達某人同意某政治體制之合法性的行為，例如在選舉中如期投票，其實只具有某種象徵意義罷了。事實上，在那些擁有大量公民的國家裡，真正能持續而積極地參與政府或群眾組織之事務的，只有其中一小部分，這點長久以來就是政治學者之間的基本共識。這對那些領導者而言是相當方便的設計，事實上，沉穩派的政治家和思想家，向來都渴望人民具有一定程度的政治冷感。[2]但這類參與行為還是相當重要。我們今日所面對的公民，是一群明顯從政治領域疏離的人。在大多數的自由民主國家中，參與選舉的人數正日漸下滑。假使人民選舉是代議民主的基本判準，那麼，對於一個只由公民總數三分之一的選民所選出的機構（美國眾議院），或只由百分之十到百分之十二的選民選出的代表（如近來英國的地方政府或歐盟議會），我們能說它具有民主的合法性嗎？還有，一位得票率只勉強超過半數的美國總統？

在實際面，現代的領土國家或民族國家——任何政府——是建立在三個前提之上：第一，它們所擁有的權勢超過境內任何實際運行的單位；第二，其境內居民大體

2 Herbert Tingsten, *Political Behaviour: Studies in Election Statistics* (London, 1937), pp. 225-6; Seymour Martin Lipset, *Political Man: The Social Bases of Politics* (paperback edition New York, 1963), pp. 227-9.

上願意接受它們的威權；第三，政府可以提供人民其他組織根本無法或無法以同等效率提供的服務，例如眾所周知的「法律和秩序」。在過去三十到四十年間，這三項前提正在逐日失效當中。

首先，雖然國家的力量還是遠遠超過國內的其他對手，但是如同過去三十年來北愛爾蘭的情況所顯示的，即便是最強大、最穩定、最有效的政府，也已失去了它對脅迫性武力的絕對壟斷權，這得感謝嶄新、小型的可攜式毀滅工具氾濫成災，讓小規模的異議團體輕而易舉就可以弄到手，還有現代生活的不堪一擊，只要一起輕微事件，就可讓它瞬間崩潰。

其次，支撐穩定政府的兩根最強大支柱，都已經開始動搖，一是（在具有普遍合法性的國家）公民對國家的志願效忠和服務，二是（在不具合法性的國家）願意屈從於具有壓倒性優勢或已經建立之政府的順服心態。少了第一項，以義務役和全國動員為基礎的總體戰爭，以及想調高現今國家稅收佔國民生產毛額之比例的想法，都是不可能的。請容我提醒你們，在有些國家這項比例已高達百分之四十，即便在美國和瑞士，也有百分之二十左右。少了第二項，就像非洲與亞洲大多數地區的歷史所顯示的，一小群歐洲人再也無法以相對低廉的代價長久維持殖民地的統治。

侵蝕第三項前提的因素不只是國家的權力日漸弱化，還包括自一九七〇年代起，一些政治家和意識形態家又重新回頭擁抱超激進派的自由放任主義，以此批評國家，認為應該不惜代價地縮減國家的角色。該派以更像是神學信念而非歷史證據的論證指出，舉凡公家單位所能提供的服務，若不是讓人不快，就是可以由「市場」以更好、更有效率和更便宜的方式供應。自此之後，公家服務（連帶還包括合作制度）便出現了大規模的私人替代品或民營化服務。諸如郵政、監獄、學校、供水和福利措施這類屬於國家或地方政府的標準業務，都已轉手給或轉型為企業單位；公務人員則調任到獨立代辦處，或由商業轉包商取代。甚至連某些福利事業也都轉包出去。當然啦，私人公司所秉持的利潤極大化的經營模式，也變成了政府單位所渴望達到的模範。這項趨勢已經發展到國家寧願倚賴私營的經濟機制，也懶得以積極或消極的方式去動員公民。與此同時，不容否認的是，在全球的富裕國家當中，非凡蓬勃的經濟發展更關心的乃是大多數的消費者，而非政府或集體行動在比較貧窮時期曾經許諾或提供的東西。

而這正是問題所在。市場主權並非自由主義式民主的成分，而是它的替代品。沒錯，它是任何政治的替代品，因為它不認為政治決定有其必要性，所謂的政治決定，指的是與公共或團體利益有關的決定，與個人為了追求私己偏好所做的理性或非理性的選擇總數無關。無論如何，市場主權在發掘人民想要什麼這點上，可以掌握住其中變化不斷的細微差異，關於這點，市場（和市場研究）所能提供的，當然比偶爾求助於殘酷的選舉式數人頭要來得有效率。市場參與取代了政治參與；消費者取代了公民的地位。福山先生更進一步指出，人民選擇不去投票，就像選擇去超市購物而非在地方小店買東西一樣，「反映了全體人民所做的選擇。他們想要的是消費者主權」。[3]他們無疑是想要如此，但這項選擇可以和自由民主政治系統中的其他要素相容共存嗎？

於是乎，做為民主政體或其他政體之基本框架的主權領土國家或國家組合，其衰弱的程度在今日更甚於以往，其活動的範圍和效能也比以往低落許多。它越來越無法自由支配其臣民或公民的消極順從或積極服務。有長達兩個半世紀的時間，現代領土國家，不論其政權的本質或意識形態為何，其動員境內居民的權力、範圍、野心和能力，一直處於不斷增長的狀態，但這股趨勢顯然已走到盡頭。現代國家的領土完整，亦即法國人所謂的「唯一且不可分割的共和國」，已不再被視為理所當然。再過三十年，是否還會有單一的西班牙、義大利或大不列顛存在，可做為其公民的首要效忠核心？這是近一半個世紀以來，頭一回可以把這個問題當成真實存在的現象提出發問。

而所有這一切，肯定會影響到民主的前景。

首先，公民和公共當局之間的關係變得越來越遙遠，兩者間的連結則越來越薄弱。快速失去這種「自有神明護身」加持的人，不只是莎士比亞筆下的君王，還包括在任何合法政府（尤其是民主政府）中做為國家凝聚和公民效忠的公共象徵：總統、王朝，以及國會（這點在英國最為明顯）。在我們的電視螢幕上，國會給人的官方形象，就是一個只想要以各種花招去掩飾空蕩蕩的綠色長椅上只坐了幾個人的單位，還有什麼比這更能說明它的沒落呢？再也沒人報導它的議程，即便在大報上都找不到它的消息，除非是那裡又爆發了什麼衝突或鬧了什麼笑話。在集體動員窮人的大型政治運動或政治機器方面，也出現嚴重衰退，然而這些才是真正能賦予「民主」這個字眼某些真實意義的活動。

因此，不僅是公民參與政治的意願減低了，階級的功能也告衰微，而根據傳統的理論，唯一可以合法執行公民權的管道，就是藉由普選選出代表「人民」者並由他們負責統治人民。而在介於兩次選舉中間的時期——一般而言總有個好幾年——民主的

3 *Prospect*, August-Setember 1999, p. 57.,

存在，充其量也就是只能對那些代議士和他們政黨的競選連任具有潛在的威脅功能罷了。然而不論從公民或政府的觀點而言，這顯然都是不切實際的。於是，民主派政客的公開修辭變得越來越低劣愚蠢，尤其是碰到在民主政治的實務面上越來越重要的兩大因素：一是現代媒體的角色，二是藉由直接行動（或不作為）所表達的公共輿論。

因為媒體是發動機，人民可以透過它們在非選舉期間對政府的行為執行某種控制。這兩大因素的發展同時也彌補了日益式微的公民參與和代議政府傳統效能的不彰。報紙頭條或無可抵抗的電視影像，是所有政治宣傳最直接的目標，因為它們遠比動員上萬群眾要來得有效。當然，也容易多了。部長辦公室為了回答即將登場的國會質詢而把所有工作擺到一邊的時代，已經過去很久了。如今只有調查記者的報導可以得到這樣的待遇，他們甚至可以讓唐寧街十號的工作整個停擺。然而不論是國會辯論也好，媒體社論也罷，沒有一個能把大眾的不滿強烈表達出來，強烈到足以讓擁有安全多數選票的政府必須在非選舉期間注意他們——注意到人頭稅、燃料稅，和討人厭的基因改造食物這類問題。就算真有人替他們說話，也說得含混不清、不得要領，三兩下就可以被打發成與選舉無關和不具代表性的一小撮少數人的事，雖然往往也真是如此。

大眾媒體在現代政治中所扮演的核心角色是擁有專利權的。拜它們之賜，輿論的力量如今變得比以往強大，正因如此，各式各樣想要影響媒體的專門行業才會層出不窮。一般人比較不理解的，是媒體政治與直接行動之間的重要關聯，所謂的直接行動，指的是由下而上、跳過代議政府這個中介機制、試圖直接影響決策頂峰的行動。在沒有中介機制存在的領域，這類行動最為明顯——亦即跨國性事務。我們對所謂的CNN效應都非常熟悉，那指的是：對於電視上可怕的暴行影像——在庫德斯坦、在帝汶、或任何地方——油然生出一種「應該做點什麼」的情感，這種情感具有強大的政治催發性，但整體上則毫無結構可言，不過總是足以促使政府做出某種多少屬於湊合性的行動。近來，在西雅圖和布拉格舉行的示威活動顯示，由一小群攝影良心團體所發起的目標明確的直接行動，確實是有效的，即便面對的是諸如國際貨幣基金和世界銀行這類免疫於民主政治程序的組織。假使哪天有個今日頭條出現了諸如「世界財經領袖請注意以下警告」[4]這樣的字眼，至少有部分是因為該團體拍下的鬥毆照片很適合擺在最頭條的位置，照片中戴著黑頭套的惡徒幫伙與鋼盔盾牌全副武裝的鎮暴警

4 International Herald Tribune, 2 October 2000, p. 13.

察，簡直像在進行一場中世紀的戰鬥。

所有這一切都得去面對自由民主和它最立即而嚴重的問題。在一個日益全球化與跨國際的時代，民族政府必須與不同的勢力並存，這些勢力對其公民日常生活的影響力至少和政府一樣大，但卻在不同程度上超出政府的控制。然而在那些勢力超出政府的控制之前，政府並不存在「放棄退出」這個選項，就算它們想放棄，也沒辦法。宣布自己對長期的油價趨勢無能為力，這可不是政策，因為當事情出差錯的時候，公民們，包括企業經理人在內，可是理所當然的認為，政府可以也應該做點什麼，即便是在人民對政府幾乎不抱什麼期望的義大利，以及大部分選民並不相信政府的美國也一樣。畢竟，這就是政府之所以存在的目的。

但是，政府能做些什麼？又該做些什麼？比起以往，今日的政府每天都得承受更大的壓力不斷去監看大眾輿論的動向，而且政府對於輿論也比以往更敏感。這無疑會讓它們綁手綁腳，無法放手決定。然而，政府不能停止統治。事實上，政府的公關專家一直逼迫它們，必須不斷做些可以被看到的統治行為，其結果就是讓政治姿態、宣告和往往不怎麼需要的立法情事成倍增加，就像我們在二十世紀末的英國歷史上所看到的。然而，就算沒有公關專家的訓誡命令，甚至敢拂逆夢想家們渴望用亞當・斯密

（Adam Smith）那隻「看不見的手」來統治全世界的願望，公家單位還是得天天去面對與公共利益有關的事情並做出技術性和政治性的決定。在這點上，民主投票（或消費者所做的市場選擇）根本不具任何指引功能。投票充其量也只能扮演油門或煞車的角色而已。汽機車交通無限制成長所造成的環境後果，單靠公民投票並無法找出最好的解決方式。更何況，這類做法已經證明是不受歡迎的，而在民主國家裡，告訴選民他們不想聽的東西是一種不聰明的做法。當政府堅信任何數量的增稅提議都無異於競選自殺，而選戰因此成了財政謊言競賽，且政府的預算就是在這種一團混亂的國庫中執行時，國家的財政該如何合理地安排計畫呢？簡言之，「人民的意志」無論用什麼樣的方式表達，都無法真正決定政府的專門業務。就像那些飽受忽視的民主理論家一樣，韋布夫婦（Sidney and Beatrice Webb）在有關工會的研究中精闢觀察到，人民的意志無法評斷計畫，只能評斷結果。投票反對某事某物遠勝於投票支持某事某物。而當投票實際贏得它的某項消極勝利之後，例如在義大利或日本推翻長達五十年的戰後腐敗政權，投票本身並無法進一步提供替代方案。不相信我們可以看看，這在塞爾維亞能否辦到。

然而，政府是為了人民而存在的。它的功效必須由它為人民做了什麼來評斷。不論「人民的意志」多無知、多輕率、多愚笨，也不論探查「人民的意志」的方法有多不足，它都是不可或缺的。除此之外，我們還能用什麼標準來評估各種技術—政治解決方案呢？無論這類方案在其他方面多專精多可行，但與人類有關的問題，最終影響的畢竟是活生生的人民生活。蘇維埃制度之所以失敗，就是因為在那些「根據人民利益」做決定的人與那些認為這些決定乃硬加在他們頭上的人之間，不存在可以溝通的雙向道。過去二十年來，自由放任的全球化體制，也犯了同樣的毛病。根據最具權威性的技術型經濟學專家的建議，政府的工作就是有系統地把所有阻礙自由放任全球化的障礙給排除。這二十年來，對於完全鬆綁的全球資本主義究竟給社會和人類帶來了哪些影響，政府始終疏於關注，所以世界銀行的總裁會做出這樣的結論：對大多數的世人來說，「全球化」這個字指的是「恐懼與不安」而非「機會與含納」。[5]甚至連葛林斯潘（Alan Greenspan）和美國財政部長桑莫斯（Larry Summers）也同意，「對於全球化的反感已深入人心」，確實有可能「從市場導向的政策撤退，回歸到保護主義這方」。

儘管如此，我並不否認，在自由民主的體制之下，要傾聽人民的意志確實會讓政府變得更難做事。過去的理想解決方案，也就是醫療界和飛航駕駛過去所倚賴、並在今日這個越來越猜忌的世界中仍試圖倚賴的基礎，亦即人們普遍相信我們與他們享有同樣的利益，但這根本是現今政府不敢夢想的。我們並未告訴政府該做些什麼，因為我們不是專家，我們沒能力告訴他們，但除非出了差錯，否則我們會信賴他們。今日，已經沒有幾個政府能享有這種先驗性的信任基礎。在自由主義也就是多黨制的民主國家中，連能夠代表大多數投票者的政府都相當罕見了，更何況是代表大多數具有選舉資格的人？（在英國，自一九三一年起，從沒任何單一政黨贏得超過百分之五十的選票；而自戰時聯合政府之後，也沒任何政府能代表明確的多數。）舊式的民主流派和發動機，亦即曾經在人民的先驗信任和堅定支持的基礎上提供「他們的」政府的大眾政黨和組織，已如昨日黃花消失無蹤。在這個媒體無所不在又大權在握的時代裡，宣稱可以和政府匹敵的後座駕駛員，將會不斷又不斷地對政府的績效提出批評。

在這種情況下，對民主政府而言，最方便、有時也可能是唯一的解決方案，就是盡可能把大多數的決定保持在宣傳與政治的範疇之外，至少也要避開代議政府的程序，亦即最終的選民以及由選民選出的議會和代理人。（美國是一般公認的極端案

5 出處同上。

例，其功能只是讓國家的政策得以連貫，因為總統有時得找方法繞過極端可笑的民選國會。）即便在英國，原本便已相當強大的決策權力的中央集權化，雖然一度進行得令人印象深刻，但隨著下議院的地位低下，加上保守黨和工黨執政期間，把許多功能轉移到非選舉產生的公民營機構，如今也無以為繼。許多政治都轉移到檯面下協商與決定。而這自然會增強公民對政府的不信任感，並降低他們對政治人物的評價。政府必須不斷以游擊戰去對抗組織完善的少數宣傳勢力的結盟，還有媒體。這些少數勢力和媒體會越來越相信，自己的政治功能就是將政府想要默默進行的政策公諸於世，而政府則指望它們的宣傳家能用各種評論填滿這些媒體的螢幕和版面——在一個資訊與娛樂無限流動的社會裡，這真是莫大的反諷。

那麼，在這種情況下，自由政府的未來究竟如何？理論上，它們看起來不會太悲慘。除了伊斯蘭神權制度之外，再也沒有其他強有力的政治運動曾從原理上挑戰這種政府形式，而且在可見的未來似乎也不會出現。二十世紀下半葉乃軍事獨裁者的黃金時代，這些獨裁者對於西方和獨立的前殖民選舉政權的危險性，可比共產主義大多了。二十一世紀對這些獨裁者而言，看來似乎沒那麼討人喜歡。如雨後春筍般出現的前共產主義國家，沒有一個選擇步它們的後塵，而幾乎所有的獨裁政權都沒有足夠的勇氣敢徹底反對民主信念，它們全都宣稱自己是憲法的拯救者，直到回歸（日期不定）文人統治為止。這麼說並不表示我們不會再看到有人站在街頭的坦克上面宣布政府成立，特別是在許多貧窮和社會動盪不安的地區。

此外，不論自由放任市場在一九九七年至一九九八年的經濟大地震之前看起來有多繁榮，如今的情勢已非常明顯，那種無政府式的全球性自由放任市場的夢想，是不可能成真的。因此，這世上的大多數人口，當然包括那些名副其實的自由民主政權統治下的人口，仍將繼續生活在實際運作的國家之下，雖然在某些不幸的地區，其國家的權力和行政單位已處於實質瓦解狀態。總有一天，聯合國的大多數成員將會充分利用這個嶄新時髦的政治系統，或（如大部分的拉丁美洲地區）這個早已熟悉但不時中斷的系統。這一天不會太早來臨，但總會到的。因此，政治也將持續下去。既然我們仍將生活在政府必須考量人民而人民也不能沒有政府的平民主義世界，那麼，民主選舉也將會繼續存在。如今，民主選舉幾乎是普世公認的授與合法性的最佳管道，它們也連帶給了政府一個方便的途徑可以「諮詢」人民，但又無須做出任何具體明確的承諾。

簡言之，我們在二十一世紀將面對的是，一堆問題以及一堆根本不適合處理這些問題的政治機器。它們的效力僅限於民族國家境內，民族國家的數量越來越多，而它們得對抗的，是一個超乎其運作範圍的全球世界。現在我們甚至還無法看出，這套機制在諸如歐盟這類不具有共同政治架構的異質性廣大領土上，究竟能適用到何種程度。它們所面對和與之競爭的世界經濟，是由截然不同的單位（跨國公司）所運作，對這些單位而言，政治合法性的考量和公共利益並不適用，它們也會避開政治。在一個人類行為對自然和地球的衝擊已經和地質力量不相上下的時代，政府首先要面對的，是與世界的未來存續有關的最基本問題。而想要解決或減輕這些問題，政府所需要——且必然需要——的手段，肯定是無法從計算投票數或判斷消費者喜好中找到。不論是就民主或地球的長期遠景來說，這都不是一個令人鼓舞的消息。

我們面對第三個千禧年的心情，就像那個不知名的愛爾蘭人被問道，該怎麼走才能抵達巴利納欣（Ballynahinch）時，他沉吟了一會兒然後回答：「如果我是你，我不會從這裡開始。」

然而，這裡正是我們的起點。

# 第七章
# 傳播民主

本文最初為二〇〇四年收錄於《外交政策》。

此刻，我們正投入一場大業，一場由強權國家有計畫重整世界秩序的大業。它們想藉由「傳播民主」來創造世界秩序，而它們在伊拉克與阿富汗發動的戰爭，只是這項全球大業的一部分。這不僅是堂吉訶德式的狂想，還是非常危險的舉動。圍繞著這場十字軍行動的修辭，暗示著這套制度可以用標準化的（即西方化的）形式施行，在任何地方都能成功，可以治療目前的跨國性難題，並可以帶來和平而非播下混亂的種子。不，它不可以。

民主當然是受到人民歡迎的。一六四七年，英國平等主義者[1]大力宣揚「所有政府皆須取得人民自由同意」這項信念。當時他們想要爭取的，是所有人的投票權。當然，普選權並無法保證任何特定的政治結果，選舉則甚至連自己的長命百歲都保不住——看看德國的威瑪共和。選舉式民主也無法產生有利於霸權或帝國強權的結果。（如果伊拉克戰爭是建立在「世界社群」自由表達的同意之上，它根本就不會發生。）但這些不確定性，都不會減損選舉式民主的吸引力。

除了民主本身的深孚眾望之外，有其他幾個因素可以解釋下面這種可怕且虛幻的信仰：亦即認為用外國武力來繁殖民主或許真的是合理可行的。全球化告訴我們，人類事務正朝向舉世皆然的模式發展。既然全世界的加油站、i-Pod和電腦駭客都長得一模一樣，為什麼政治機構就不行？這種看法低估了世界的複雜性。此外，流血事件和無政府狀態在世界各地捲土重來的明顯態勢，也讓傳播一種新秩序的想法變得更具吸引力。巴爾幹的歷史似乎告訴我們，陷入災禍與人類慘劇的地區，需要強大與穩定的國家介入，必要時甚至可使用武力。在缺乏有效的國際政府的情況下，某些人道主義者已準備好要支持由美國勢力所加諸的世界秩序。然而，當軍事強權宣稱要藉由擊敗和佔領弱國來造福受害者和這個世界時，我們永遠都該抱持懷疑的態度。

還有另一個因素或許是最重要的：美國已經準備好並認為有必要把來自其革命源頭的自大狂和救世主主義結合在一起。今日的美國，在科技軍事上享有無可挑戰的地位，並且堅信該國的社會系統是全世界最優越的。由於長久以來，美國一直扮演最偉大的征服帝國，因此自一九八九年後，它再也不曾想起，美國的物質力量其實是有其

1　譯註：平等主義者（Levellers）：英國第一次內戰（清教徒革命）之後興起的人民民主運動人士，該派在一六四六年至一六四七年間四處散發小冊子和請願書，大力宣揚主權在民，以及人人平等的自然權利，要求每兩年召開一次國會，進行激烈的法律改革，以及民主的國協必須建立在大眾共同簽署的「人民公約」之上。

限度的。就像威爾遜總統一樣（在他那個時代，他可是個驚人的國際失敗者），今日的意識形態家看到一種社會典範已經在美國開始運作：一種結合了法律、自由主義式自由、私人企業競爭，和定期舉行的普選選舉之制度。它唯一未完成的工作，就是以「自由社會」的形象重新改造全世界。

這是一種吹口哨壯膽的危險想法。雖然強權行動可能會有許多道德上或政治上令人滿意的結果，但它也知道這是危險的，因為國家行動的邏輯和方法並非普世公義的邏輯和方法。所有國家都會把自己的利益擺在第一位。假使它們握有權力，並認為該項目標是絕對必要的，那麼國家就會為奪取該目標的手段合理化（雖然很少是公開的），尤其是當它們認為上帝是站在自己那邊的時候。不論是良善或邪惡的帝國，都讓我們這個世紀變得野蠻化，而這，也正是目前所謂的「反恐戰爭」正在造的孽。

只要威脅到誠實正義的普世價值，傳播民主的戰役就不可能成功。二十世紀的歷史告訴我們，國家不可能輕輕鬆鬆就重造這個世界，或減縮歷史的轉換過程。國家也無法藉由跨越國界的機制更換而一舉達到改造社會的成果。即使是在領土獨立的民族國家當中，具備健全完善之民主政府的條件者也很罕見，這條件指的是：一個享有合法性和全民同意的既存國家，並且有能力調解國內各團體的衝突。缺乏這類一致性，便不可能出現單一的主權「人民」，因此也不可能有所謂的多數合法性。當這種一致性——可以是宗教的、族裔的，或兩者——不存在時，民主就會懸置（如同擁有民主機制的北愛爾蘭），國家就會分裂（如同捷克斯洛伐克），或社會會陷入永無止境的內戰（如同斯里蘭卡）。一九一八年和一九八九年後那兩次「傳播民主」的行動，全都在多民族和多自治體的地區加劇了族裔衝突，並導致國家分裂，徒然創造出淒涼而無望的前景。

除了成功的機會渺茫之外，傳播標準化的西方民主的努力，同時也得承受一項基本矛盾。不論從哪個角度，我們都看不出它能做為一種解決方案，來處理我們這個時代最危險的跨國界問題。今日，人類的生活有越來越多部分是超乎選票所能影響的範圍，在跨國性的公共和私人實體中，並不存在選民，至少沒有民主型的選民。而選舉式民主也無法在諸如民族國家這樣的政治單位之外，發揮實際功效。因此我們可以說，強權國家目前是在試圖傳播一種連他們自己也認為不足以因應當前挑戰的系統。

這點可以從歐洲得到證明。諸如歐盟這樣的組織之所以無法發展成強而有效的結構，正是因為它除了一小群政府成員之外（儘管數目正在增加中），並沒有選民存在。歐盟無處沒有「民主赤字」，而其國會也不會有未來，因為並沒有「歐洲人民」，有的只是「會員民族」的集合體，其中半數以上懶得在二〇〇四年的歐盟國會選舉時出門投票。「歐洲」如今是一個運作中的實體，但和民族國家不同，它並未享有人民賦予的合法性和選舉產生的權威。於是乎，當歐盟的角色超出在政府與政府之間做協調，而成為會員國民主選戰的主旋律時，各種問題當然就會立刻湧現。無論我們有多渴望，民主終究不是解決國際或跨國問題的有效工具。

即便以比較間接的方式，傳播民主的努力依然是危險的：它會給那些不具備這種政府形式的人一種幻覺，以為那些擁有民主政府的國家確實是由民主所管理。但真的是嗎？如今我們都知道，出兵伊拉克的決定，至少是由兩個無可質疑的民主國家所做的，亦即美國和英國。但除了製造出各種欺騙和隱瞞的複雜問題之外，這兩國的民主選舉和代議機構與這項決策過程根本毫無關聯。這些決定是由一小群人私下做出的——這和它們想要推翻的非民主國家的做法沒什麼兩樣。幸運的是，在英國，獨立的媒體沒那麼容易受騙上當。然而，可以為新聞自由、公民權和獨立司法做出必然保證的，並非選舉式民主。

## 第八章

# 恐怖行動

本文為一九九〇年代早期在紐約哥倫比亞大學針對恐怖行動所發表的研討論文。

政治恐怖行動的本質，在二十世紀末真的改變了嗎？且讓我們從斯里蘭卡這個直到當時為止都非常平靜、從沒想過會有暴力事件發生的小島開始談起。這座小島由兩個民族分享，一是大多數信仰佛教的僧迦羅人（Sinhalese，他們的宗教和意識形態是暴力的最反面），二是少數的泰米爾人（Tamils），他們有的是幾世紀前從南印度移來，有的則是在十九世紀末移至該島當墾殖勞工（他們的印度教也不宣導暴力）。反帝國主義運動在斯里蘭卡並不特別好戰也不怎麼激昂，該國相當平靜地得到它的自由，事實上，它是印度獨立的副產品。斯里蘭卡確實曾在殖民時代發展出一小支共產黨，而且有趣的是，還有一支勢力較大的托洛斯基派，兩派都是由受過教育又迷人的西化菁英所領導，而兩者做為真正的馬克思主義者，也都反對恐怖主義。兩者都沒試圖起義暴動。獨立之後，該國追求一種寧靜、溫和的社會主義目標，對於人民的福利和生活預期都做得相當好。簡言之，就亞洲的標準而言，一九七〇年代之前的斯里蘭卡，是一座罕見的謙和之島，類似哥斯大黎加和（一九七〇年代之前的）拉丁美洲的烏拉圭。然而今日，該地卻一片血腥。

泰米爾這個少數族群，在受過教育的高等專業階層中，佔有百分之二十五的高比例，當僧迦羅政府在一九五〇年代決定以僧迦羅語取代英語做為這個國家的行政語言時，泰米爾人自然發出強烈的怨恨之情。一九七〇年代，一個主張分離主義的泰米爾運動，得到印度南部的某個邦的支持，發展出武裝組織，也就是今日泰米爾之虎解放組織（Liberation Tigers of Tamil Eelam）的老祖先，並自一九八〇年代中期開始，實際發動了一場內戰。他們是自殺式炸彈攻擊最有名的先驅之一，大概也是最大規模的操作者——順道一提，由於他們的意識形態是世俗性的，其中沒有常見的宗教動機。泰米爾人尚未強大到足以脫離政府獨立，而斯里蘭卡政府軍則虛弱到無法以軍事方式擊敗他們。由於兩方都不肯妥協，所以儘管有各種第三團體（印度、挪威）試圖調停斡旋，但戰爭依舊持續。

與此同時，佔多數的僧迦羅社會發生了兩件事。族裔和語言上的緊張，在僧迦羅人當中產生強烈的反作用力，而且這股力道因為僧迦羅的語言屬於印歐（「亞利安」）語系，而採用了以佛教和種族優越為基礎的民族主義意識形態的模式。奇怪的是，這種種族主義是植根於印度教的印度傳統，事實上，在斯里蘭卡就像在巴基斯坦一樣，至今依然可以在官方表面上高喊的平等主義底下，找到印度教種性制度的痕跡。在這同時，也就是一九七〇年代，極左團體人民解放陣線（JVP）組織了一起重要的暴動事件，這個團體主要以找不到適當工作且受過教育的僧迦羅年輕人為基礎，標舉著夾纏了毛澤東主義的卡斯楚派理想，以及對於老派社會政治菁英的仇視怨懟。該派相當強硬，有許多小伙子都曾被囚禁過一陣子。在這個一九六八年的年輕反叛團體的遺跡之上，出現了一個好戰的恐怖主義組織，主要以僧迦羅鄉間為基地，將原始的毛澤東主義變調成熱情激昂的僧迦羅佛教種族沙文主義。一九八〇年代，該派組織了一連串有系統的暗殺行動對付政治上的反對人士，讓高階政治變成一項高危險性的活動。（最近剛退休的斯里蘭卡總統，曾經目睹身為前首相的父親和自己的丈夫在眼前遭暗殺，自己也在某次謀殺她的行動中失去一隻眼睛。）恐怖行動也用同樣有系統的方式在鄉鎮地區建立控制權。

就像一九八〇年代祕魯毛派的光明之路[1]運動一樣，我們無法弄清楚人民解放陣線有多少成分是建立在最初的群眾支持之上，這項支持又有多少被恐怖行動轉移了方向，而恐怖行動又有多大的比例是出於憎恨政府的壓迫，以及對革命的懷疑。但有兩件事很清楚。一是人民解放陣線在從事勞動的鄉下僧迦羅人口中擁有廣大的支持，其中受過教育的成員成為該派的幹部；二是人民解放陣線犯下許多謀殺事件，一些是由拉丁美洲人所謂的「殺手」（sicarios）幹部負責執行，一些則是群眾謀殺者。人民解放陣線爭權奪利的方式也和拉丁美洲所謂的「骯髒戰爭」[2]如出一轍，亦即以根除叛變領袖和幹部為目的。到了一九九〇年代中期左右，據估計大約有六萬人在這些衝突中喪生。自一九六〇年代末期創立之後，人民解放陣線便一直在斯里蘭卡的官方政治中進進出出。

顯然，斯里蘭卡只是二十世紀末愈演愈烈、層出不窮的政治暴力的一個例子罷了。另一個更為突出的現象，是小團體恐怖主義的興起，並以種種理論把這種不分青紅皂白的謀殺形式給正當化。除了少數例外，這類行動一直遭到早期恐怖主義運動的譴責，晚近的西班牙艾塔組織和北愛爾蘭共和軍，也避免採取這樣的做法。在伊斯蘭

1 譯註：光明之路（Sendero Luminoso）：祕魯毛派反政府游擊組織，以實現共產主義為目標，主張由工農階級取代資產階級。原為祕魯共產黨裡的「紅旗派」，一九六四年從主流中分離出來，一九七〇年代中期掌握了大部分的學生會，一九八〇年代開始從事武裝叛亂，並於一九八〇年代晚期實際控制了祕魯領土的三分之一。一九九二年，祕魯政府在美國中情局的協助下逮捕了光明之路的首腦之後，該派的活動才開始減少。

2 譯註：骯髒戰爭（dirty war），指由政府贊助支持的暴力行動，目的是為了對抗國內人民的罷工、騷亂或政治顛覆行為。最著名的，是一九七六年至一九八三年發生於阿根廷的骯髒戰爭，該國接連幾任的軍事獨裁政府，以各種威脅和殘忍的恐嚇手段，逮捕、拷打或殺害各類反政府人士，據估計，這段時間約有三萬人在這場「戰爭」中憑空消失。

世界，這種以神學為名的合理化行為——例如，任何不遵守最嚴格之正統宗教的人，都可以「叛教徒」之名格殺勿論——似乎在一九七〇年代早期因為一支極端主義的前蓋達團體而告復甦，該團體是從歷史悠久的埃及穆斯林兄弟會（Muslim Brotherhood）脫離出來的。根據賓拉登宗教顧問的說法，正式宣告可以殘殺無辜的「教殺令」（fatwa），要到一九九二年底才首次發布。[3]

對於這個議題，問「為什麼」似乎太空泛了，因為在這段期間，西方社會對於暴力行為（想像的和實際的）或直接行動的接受度已普遍提高，而我們很難把小團體恐怖主義的興起和這種現象切割開來。在大多數的這類社會中，緊接著看到的，就是一段漫長的時期，認為文明已經萬劫不復了。

人們常常以為，一般性的社會暴力和政治暴力沒什麼關聯，因為某些最殘酷的政治暴力，是發生在一些完全沒有政治和社會暴力傳統的國家，例如斯里蘭卡和烏拉圭。然而，在那些具有自由傳統的國家中，這兩者其實息息相關，因為在二十世紀的最後三十幾年裡，這類國家內部的非官方政治暴力行為變得非常顯著，其所導致的結果，就是政府的反暴力行為也變得越來越強烈。在獨裁或威權國家中之所以看不到這種現象，是因為它們根本不讓非官方的政治暴力有任何活動的機會。

暴力行為的普遍提升，是野蠻化過程的一部分，如同我在其他地方提過的，這過程從第一次世界大戰之後開始增強力道。這股趨勢在擁有強大穩定的政府和（理論上）自由政治機制的國家內部，表現得尤其明顯，在這類國家中，公共論述和政治機制不是「暴力的」就是「非暴力的」，完全沒有灰色空間。因為這是民族國家合法取得武力獨佔權的另一種方法，在十九世紀的國家發展過程中，這點與「平民人口完全不得配備武力」就像連體嬰一樣，總是如影隨形，唯一的例外是美國，因此該國在實際層面上對於暴力的容忍度總是較高，雖然在理論上並非如此。不過，自從一九六〇年代末期開始，國家已逐漸失去對於某些權力和資源的獨佔權，更嚴重的是，還失去了令其公民遵守法律的正當性。單是這點，就足以說明暴力興起的大部分原因。

自由主義的修辭總是不願承認，所有社會都需要若干政治暴力才有辦法運作，即便是以罷工糾察隊或群眾示威這類偽象徵的形式出現。而暴力也有其程度差別和遊戲規則，只要暴力是社會紋理和社會關係的一部分，生活在這些社會裡的人就都知道這一點，而國際紅十字會也不斷試圖以這點提醒二十世紀那些日漸野蠻化的交戰國。蓋

3 Lawrence Wright, *The Looming Tower* (London, 2006), pp. 123-5, 174-5.

達組織或「祕密引渡」[4]捍衛者之所以需要神學或法律詭辯，正是因為它們破壞了眾所接受的規則——《古蘭經》禁止殺人，以及對虐囚的嫌惡——而這些規則是如此的深入人心。但是，當原本不習慣使用高度社會暴力的社會或社會團體發現自己開始採用這種行為，或是當傳統暴力社會裡的正常規則崩潰破產的時候，原先所建立的使用暴力或暴力程度的限制，也會跟著消失。例如，令我印象深刻的是，鄉野生活和行為雖然一般而言是比較凶暴的，但傳統的農民起義並不特別嗜血，其野蠻程度通常都低於壓迫他們的政權。他們的屠殺或暴行，往往直接針對特定的某些人或某類人，以及某種財產形式——例如鄉紳的大宅——反之對其他人則充滿期待，因為他們素有好名聲。這種暴力行為並非隨心所欲，而幾乎可以說是根據不同的情況而有明確的規定。讓俄羅斯鄉間陷入全面屠殺慘況的，並非一九一七年的大革命，而是之後的俄羅斯內戰。然而，一旦那些用來約束慣常行為的煞車系統發生故障，結果就會變得非常恐怖。哥倫比亞的販毒幫派在美國之所以能如此成功，我認為原因之一，是因為他們與敵人火拚時，已不再遵守黑社會的傳統慣例，亦即不能殺害對手的妻子和小孩。

這種政治暴力的病變，同時適用於暴動者和政府武力。內城生活日益嚴重的混亂狀態讓這類病變雪上加霜，特別是在年輕人當中，並且因為毒品文化和私人槍械的散布而加重。與此同時，舊式徵兵制度的沒落以及全職性專業軍人的興起，尤其是諸如空軍特勤隊（SAS）之類的特種部隊的出現，解除了軍事人員基本上仍應維持平民身分的禁令，而這些以使用武力為唯一工作的人，也不再具備國家代理人的團隊精神。與此同時，媒體變得越來越無所不在、無所不包，而傳統上對於哪些內容可以在媒體上登載播出的限制，也完全廢止了。於是，各種凶殘至極的暴力景象、聲音和描述，已成為我們日常生活的一部分，如此一來，社會對於暴力行為的控制能力自然是日漸衰微。在蘇聯統治下的俄國，或至少在擁有差強人意之犯罪數據的城市裡，約莫有百分之八十至八十五的殺人行為是受到酒精的影響。我們再也不需要任何禁令去除劑。

然而，今日還有另一種更危險的無限暴力生產者。亦即一九一四年後主導國際和國內衝突的意識形態信念，也就是：我方秉持的理由是如此合乎正義，而對手卻是如

4　譯註：祕密引渡（rendition），這裡指的是美國一種特殊的祕密引渡制度，適用於一些無法在美國本土調查、審理的恐怖主義案件，由情報組織祕密將人犯引渡到國外，由外國的組織加以處理。被引渡的人往往莫名其妙就失蹤了，不但無法在政府機關查到任何與這次引渡有關的紀錄，更無法透過任何管道把人弄回來。

此凶殘，因此所有追求勝利或避免失敗的手段不只是合法的，甚至是必要的。這意味著政府和暴動者雙方，都認為自己有道德上的正當理由可以採行野蠻行為。這點可以從一九八〇年代祕魯光明之路組織的年輕民兵身上得到印證，他們完全是在意識清楚的情況下隨時準備殺害農民：他們不是以可能帶有情感的個人身分在行動，而是以致力達成目標的軍人身分在行動。[5]那些拿政治犯的身體來訓練新兵虐囚技巧的陸軍或海軍軍官，私底下並不必然是殘暴而變態的。然而就像納粹的黨衛軍一樣，他們是因為個人的殺人罪被處罰，因為他們接受的訓練就是冷靜地執行大屠殺，這使得他們的行為更應被指摘。[6]興起於上個世紀的這種大恐怖現象，反映的不只是「平庸之惡」，而是至高無上的命令取代了道德觀念。不過無論如何，至少在一開始，人們可能認為這樣的行為是邪惡而不道德的，就像我們在拉丁美洲的軍事政權中所看到的，當時，某一單位的所有阿根廷軍官都必須參與虐囚，好讓大家在這起統統有分的醜惡行為中緊緊綁在一起。令人害怕的是，二十一世紀對於酷刑的接受程度，已經變成某種常規了。

野蠻主義的程度一直以非均質的方式不斷加劇。人類的殘忍指數在一九一四年至一九四〇年代末達到最高峰，那是兩次世界大戰及其餘波的時代，是希特勒和史達林的時代。冷戰為第一和第二世界，也就是已開發的資本主義國家和蘇維埃政權，帶來顯著的改善，但在第三世界卻不然。這並不表示野蠻主義真的消退了。在西方，約莫於一九六〇年至一九八五年間，我們看到了由官方訓練的虐待者，並在拉丁美洲和地中海世界看到史無前例的軍事政權狂潮對他們的公民進行「骯髒戰爭」。不過，在一九八九年的大改革之後，許多人以為曾經讓二十世紀一身濕透的宗教戰爭迷霧可望消散，連帶把野蠻主義這個大發動機給帶走。不幸的是，這項願望並未成真。就在人類的苦難遭遇於一九九〇年代迅速惡化之際，受到世俗意識形態刺激的宗教戰爭，也因為各種品牌的十字軍和反十字軍宗教基本教義的捲土重來而益形加劇，或說被取代。

除了國與國之間或由國家支持的戰爭所造成的流血和毀滅之外——例如，越戰，一九七〇年代兩大超強在非洲、阿富汗、印巴戰爭和兩伊戰爭的間接對抗——自一九六〇年代起，有三次大規模發作的政治暴力和反暴力浪潮。第一次，是所謂「新布朗

---

5 Carlos Ivan Degregori et al., *Tiempos de Ira y Amor: Nuevos actors para viejoes problemas* (Lima, 1990)。該書對於「光明之路」現象有極精采的說明。

6 Martin Pollack, *The Dead Man in the Bunker* (London, 2006)，論一名傑出黨衛軍軍官的生平和事業。

基主義」（neo-Blanquism）在一九六〇和一九七〇年代的復甦，指的是，企圖藉由自行挑選的小型菁英團體來推翻政權，或透過武裝行動來達成分離派民族主義的目標。這類運動大多局限於西歐，其成員主要為中產階級，在校園以外的地方普遍缺乏民眾支持（北愛爾蘭例外），以吸引媒體的恐怖主義行動為主（德意志聯邦的「紅色軍團」[7]），但也有目標明確、足以推翻政府高層政治的政變能力，例如一九七三年西班牙艾塔組織暗殺了佛朗哥將軍的預定繼承人，以及義大利赤軍旅[8]於一九七八年綁架並謀殺了義國總理莫洛（Aldo Moro）。在拉丁美洲，這類團體多半是以游擊行動起家，並由較大的單位發動軍事作戰，通常是以邊遠地區為主，但有些也會在城市進行（委內瑞拉和烏拉圭）。這類作戰有些相當嚴重：在阿根廷為期三年的游擊隊員派[9]叛亂中，正規和非正規的武力衝突一共導致了一千六百四十二人傷亡。[10]這類團體的限制在鄉村游擊戰中特別明顯，一定要得到相當程度的民眾支持，才有辦法在那裡生存下去，更別提贏得勝利了。外來者企圖在南美鄉間建立古巴模式的游擊運動，結果全以失敗收場，哥倫比亞是唯一的例外，因為該國的大多數地區都處於中央政府的行政和武力控制之外。

第二波暴力浪潮主要是和族群及信仰問題有關，它們於一九八〇年代末期開始湧現，並因為一九九〇年代的內政瓦解和國家崩潰而大肆蔓延。非洲、伊斯蘭世界的西部、南亞和東南亞，以及東南歐，是首要受災區。拉丁美洲對於族裔和宗教衝突依然免疫，東亞和俄羅斯聯邦（車臣例外）幾乎不受影響，歐盟則因為排外主義的興起受到些許波及，但未出現流血事件。至於其他地區，這波政治暴力所導致的屠殺規模，是二次大戰之後所僅見的，幾乎可說是有系統的種族滅絕的復活。和通常缺乏群眾支持的歐洲新布朗基主義不同，這時期的行動團體——法塔組織（Al Fatah）、哈瑪斯（Hamas）、巴勒斯坦伊斯蘭聖戰組織（Palestinian Islamic Jihad）、真主黨（Hezbollah）、泰米爾之虎、庫德工人黨（Kurdistan Workers Party）——可以倚賴其擁護者的強烈支

7 譯註：紅色軍團（Red Army Faction）：二次大大戰後西德地區最激進著名的好戰左翼團體之一，成立於一九六八年，以共產主義「都市游擊隊」自稱，經常四處謀殺政界和商界菁英，被西德政府列為恐怖主義團體。

8 譯註：赤軍旅（Red Brigades），義大利極左派的祕密恐怖組織，成立於一九七〇年，宗旨為透過綁架謀殺等武力行動建立革命政府，並讓義大利脫離北約組織獨立。

9 譯註：游擊隊員派（Mortonero），阿根廷親貝隆（Juan Peron）的左翼游擊團體，以政治綁架和暗殺等恐怖行動聞名。約成立於一九七〇年，座右銘為「我們會贏」。

10 Juan Carlos Marín, *Los Hechos Armados: Argentina 1973-76* (Buenos Aires, 1996), p. 106, cuadro 8.

持，以及源源不絕的新血補充。因此，除非找不到其他方式可以回應佔領國壓倒性的軍事武力（如在巴勒斯坦），否則個人式的恐怖行動並非這類運動的核心，充其量，也只能在內戰期間做為一種發洩性的補償，以抗議敵手優越的軍事戰備（如在斯里蘭卡）。

這時期有一項事後證明極為可怕的重大發明，那就是自殺炸彈。自殺炸彈最初是一九七九年伊朗革命的副產品，一九八三年，在黎巴嫩真主黨對抗美國人的行動中，這項武器帶著它強有力的伊斯蘭什葉派意識形態，以及理想化的殉道精神，首次發揮了決定性的功效。由於成效驚人，很快便在一九八七年傳入泰米爾之虎手中，一九九三年巴勒斯坦的哈瑪斯如法炮製，一九九八年到二〇〇〇年間，則陸續在喀什米爾和車臣的蓋達與其他伊斯蘭極端組織的行動中派上用場。[11]這段時期，個人與小團體恐怖主義的另一項特點，是政治暗殺再度流行。假如說一八八一年到一九一四年間是層峰政治人物頻遭暗殺的第一個黃金時代，那麼一九七〇年代中期到一九九〇年代中期就是第二回：埃及的沙達特（Sadat）、以色列的拉賓（Rabin）、印度的拉吉夫・甘地和甘地夫人、斯里蘭卡的一群領袖、西班牙的佛朗哥指定繼承人，以及義大利和瑞典總理（不過在瑞典一例中，其政治因素不太明確）。另外，教宗若望保祿二世和一九八一年的雷根總統也在暗殺之列，但沒成功。這類行動並未帶來革命性的結果，有時還造成十分不同的政治效應，例如在以色列、義大利，可能西班牙也包括在內。

然而，電視的無遠弗屆，讓一些更具政治效應的活動，不再把目標瞄準決策者，轉而變成如何讓媒體衝擊發揮到最高程度。最後，這類行動終結了美國一九八〇年代於黎巴嫩、一九九〇年代於索馬利亞，以及二〇〇一年後於沙烏地阿拉伯的正式駐軍。野蠻行為的不幸指標之一是，恐怖分子發現，只要是在世界螢幕的可見範圍之內，大規模謀殺凡夫俗女是除了謀殺最馳名或最具象徵性的目標之外，最能贏得頭條版面的做法。

第三波，也就是在我們這個世紀初佔有主導地位的政治暴力，已發展成全球性的有系統行動，這主要是拜以下二者之賜：一是美國布希總統的政策，二是恐怖運動有自覺地進行跨國性的活動，這或許是自十九世紀末無政府主義之後的頭一遭。在這波潮流中，大規模的民眾支持再次變得無關緊要。最初的蓋達組織顯然是個結構嚴密的菁英組織，但它是以一種「去中心化」的運動方式運作，其中的每個孤立小組，都被

11 我採用Diego Gambetta的論述，參見Diego Gambetta (ed.), *Making Sense of Suicide Missions* (Oxford, 2005)。

設計成可以在沒有任何奧援或支持的情況下獨立行動。它也不需要恐怖主義基地。因此，蓋達組織，或說受它啟發的伊斯蘭小組的鬆散網絡，即便在失去阿富汗的基地以及在賓拉登的領導權被邊緣化之後，依然能夠生存下來。這個時期的特色是，那些不具有全球性大場景的內戰或其他衝突，例如斯里蘭卡、尼泊爾和哥倫比亞綿延不絕的衝突，或那些已經失敗或正在走向失敗的非洲國家的種種麻煩，在西方只能引起間歇性的關注。

有兩件事可說明這類新運動的特質。一，它們是由少數小眾所組成，這些小眾可能享有他們為之奮戰的大眾的消極同情，而小團體行動就是它們的標準作業模式。愛爾蘭共和軍所謂的「現役部隊」，據說每一次的總數都不超過兩三百人，而我認為義大利的赤軍旅和巴斯克的艾塔組織也不會多到哪去。至於蓋達組織這個最難對付的國際恐怖主義運動，在阿富汗那段全盛時期，總數大概也不會高於四千人。[12]第二項特色是，除了北愛爾蘭這類少數例外，「其成員的平均教育程度和社會背景，都比他們所屬的社群要來得高」。[13]一九九〇年代前往阿富汗受訓的蓋達新成員，被形容成：「來自中上階級，幾乎都是健全家庭出身……大多大學畢業，絕大部分是讀自然科學和工程……幾乎沒有來自宗教學校的」。[14]即便是在巴勒斯坦，其成員有許多來自難民營，反映了佔領地的人口橫剖面，卻也有百分之五十七的自殺炸彈客具有中等教育以上的學歷，明顯高出百分之十五的平均數。[15]

這些團體儘管人數很少，卻很可怕，政府往往要動員相對大量或壓倒性的反制武力來對付他們。不過在這裡，第一和第三世界有個有趣的差別（共產政權所屬的第二世界，在它們真正崩解為碎片之前，一直對這類運動完全免疫，即便在搖搖欲墜的時刻也一樣）。整體而言，至少在歐洲，在上面提到的前兩個時期，新的政治暴力只遭遇到有限的武力反擊，而且並未對憲政政府造成重大破壞，雖然確實有些歇斯底里的時刻以及一些嚴重的暴行，尤其是來自國家警力和正規與非正規的軍隊。難道這是因為歐洲的運動對國家政權不致構成重大威脅嗎？沒錯，它們過去的確不曾，現在依然，不過北愛和巴斯克的分離主義運動，在北愛爾蘭共和軍及艾塔組織的武裝行動幫助下，確實已幾乎達成它們的政治目的。而歐洲的警察和特勤組織也確實有效率，可

12 Gambetta, op. cit., p. 260.
13 Gambetta, op. cit., p. 270.
14 Wright, op. cit., p. 301.
15 Gambetta, op. cit., p. 327-8

以滲透進許多這類運動內部，尤其是愛爾蘭共和軍，大概還有義大利的赤軍旅。不過無論如何，有一點很重要，在愛爾蘭和西班牙，儘管有一些由「不知名的官方單位」所發動的手段殘酷的反恐主義，但兩地都沒有「骯髒戰爭」，沒有拉丁美洲那種有系統的酷刑和暴政。在拉丁美洲，即便是以暴制暴，反恐行動的殘酷程度也遠超過叛亂者的政治暴力，例如祕魯的光明之路。

這些惡名昭彰的「骯髒戰爭」，基本上就是針對這類團體，而且往往是由小型的專業特種部隊負責執行，就像那些少數的恐怖分子一樣。因此，在拉丁美洲，那些酷刑政權的目的，在它們還沒出現政治病變之前，通常不是為了嚇阻民眾參與這類破壞行動，而是更具體地想要從行動分子身上得到有關該團體的資訊。死亡小組的目的也不是威嚇，而是想直接清除掉他們認為有罪的人，免去漫長的司法程序或冒著對方被無罪開釋的風險。把全民都當成異議分子加以對付的暴政，往往都十分野蠻，就像在實施種族隔離政策的南非和巴勒斯坦一樣，但是拉丁美洲的情況更狂暴、更敏捷。在第二次「因提法達」[16]之前，巴勒斯坦遭到殺害的人民總數，肯定是低於在智利皮諾契特（Pinochet）獨裁政權下「失蹤」的人數。顯然，野蠻化已進展到遠超過一天只產生一兩具屍體的鎮壓程度，如今它們只比可自動登上頭條版面的大屠殺略好一點。儘管如此，哥倫比亞和祕魯這類國家，還是以無比殘暴的手段對付境內的鄉村游擊運動。

自從二〇〇一年九月之後的「反恐戰爭」全球化，加上二〇〇二年強權國家廢棄眾所接受的國際衝突規則與慣例，以外國武力介入他國內政之後，這種情況就變得雪上加霜。新的國際恐怖主義網絡對於已開發國家和亞洲那些穩定國家的政權，實際上的危險性還非常輕微。在倫敦或馬德里這類大都會交通系統上所發生的炸彈事件，雖然造成了數十或數百人傷亡，但對這類大城市的運作能力，其破壞性很少能超過幾個小時。雖然九一一事件給紐約帶來如此恐怖的重創，但對美國的國際霸權和其內部結構，卻幾乎毫無影響。如果說事情有任何惡化，原因並不在於恐怖分子的行動，而是因為美國政府的反應。印度這個全世界人口最多的民主政權，就是一個很好的範例，讓我們知道一個穩定的國家絕對有能力可以抵抗這樣的攻擊。儘管在過去二十年裡，印度有兩位領袖遭到暗殺，喀什米爾始終處於低度戰爭狀態，東北方省份裡有一堆游

16　譯註：因提法達（Intifada），阿拉伯文「擺脫」的意思，指的是人民反對壓迫、就地起義。一九八七年十二月，一輛以色列坦克開入加薩難民營，壓死四名巴勒斯坦人，引起當地人們的憤怒，就此展開與以色列當局長達六年的對抗，此即第一次因提法達。第二次因提法達發生在二〇〇〇年。

擊運動，某些部落地區還有馬克思列寧分子（納薩組織[17]）不時發起騷亂，然而沒有任何一個人認為，印度會因此而變成一個失序混亂的國家，這是連作夢也想不到的事。

這足以凸顯出當前恐怖主義運動的相對虛弱甚至絕對虛弱。它們只是徵兆，而非重要的歷史行動者。這點並未因為小團體或個人的軍備戰術發生改變，因而大大提高了它們的平均破壞能力而有所不同，也沒有因為某些恐怖主義團體所抱持或宣稱的烏托邦理想而有所改變。在擁有穩定政權的穩定國家裡，只要沒有人民的物資支持，這些恐怖行動只會是警政問題而不會是軍事問題。即便某個小型恐怖團體隸屬於某個普遍性的異議運動，像是伊拉克抵抗運動中的蓋達分支，它們也不會是這類運動的主要軍事力量，而只會是它們的附屬邊緣而已。至於那些得不到同情民眾諒解的行動，例如以色列的巴勒斯坦自殺客和倫敦的年輕伊斯蘭狂熱者，有的頂多也就是一點宣傳價值罷了。這麼說並不表示不需要採取重要的國際警政措施來對抗小團體的恐怖主義，尤其是跨國型的小團體，因為它們有可能會在未來的某一天設法拿到核子武器並取得使用這類武器的能力。在一些情勢不穩定或瀕臨解體的國家中，尤其是在伊斯蘭世界，這類團體的政治潛力顯然大多了，不過它們的潛力主要是破壞性的，我們不應把它們和大規模宗教動員的政治潛力混為一談。

我們不難理解，這類運動肯定讓一般民眾深感緊張，特別是在西方大城裡面，尤其當政府和媒體單位都為了自身的目的而大肆宣傳，製造恐怖氣氛（如今已經很少人記得，在二〇〇一年之前，政府面對這類運動——艾塔組織、赤軍旅、愛爾蘭共和軍——所採取的標準而又完全合乎理性的做法是：盡可能「不讓宣傳推波助瀾、火上加油」）。這是一種非理性的恐懼氛圍。美國當前的政策便是想要恢復冷戰時期那種世界末日的恐懼，但因為事實並非如此，於是只好發明「一些敵人」，好為自己擴張全球勢力的行為找到正當化的藉口。我再重複一次，「反恐戰爭」的危險並非來自伊斯蘭世界的自殺炸彈。

這種做法絲毫沒減輕真正的全球危機，這點從政治暴力的轉型便可看出一斑。它們似乎反映了社會所有層面的嚴重錯位，這種混亂是來自人類有史以來最快速又最戲

17　譯註：納薩組織（Naxalite）：印度一支激進暴力的共產主義革命組織，一九六七年於西孟加拉地區的Naxalbari小村發起叛亂，誓言建立革命反對政權。一九七〇年代分裂為許多小單位，往印度中部和東部的鄉間發展，根據印度內政部估計，二〇〇四年時，該組織約有九千三百多個地下核心幹部在四處發起游擊運動。

劇性的激烈轉變，在短短一代人的時間裡，生活方式和社會結構已全然改觀，讓人不知如何應對。它們似乎也反映了傳統的威權、霸權和合法性系統在西方所遭遇的危機以及在東方和南方的崩潰，還有宣稱可提供另類選擇的傳統運動所面臨的危機。由於去殖民化在世界某些地區以失敗收場，加上自從蘇聯瓦解之後，再也沒有任何（更別提穩定的）國際系統存在，使得情勢更加惡化。而這日益惡化的危機將會證明，西方自由價值藉由市場成長和軍事干預所傳播的新保守主義和新自由主義烏托邦，絕對無法解決這個問題。

## 第九章

# 暴力時代的公共秩序

本文為二〇〇六年在伯貝克學院「暴力」系列講座所發表的演說。

在一九七〇年代的某個時刻，英國警官協會（Association of Chief Police Officers）告訴英國政府，如果不通過新的公共秩序法，他們將無法像過去那樣阻止街頭的公共失序事件。幾年後，我想是一九八〇年代初，我受邀去挪威某地參加學術研討會，我注意到，在研討會舉行的旅館——位於某個旅遊景點上的尋常會議中心——的訂房手冊上，竟然特別強調該旅館擁有品質保證的防彈窗戶。在挪威？是的，在挪威。就讓我從這兩起事件開始今天的演講吧。這個世紀已變得越來越暴力，包括影像在內。這點毫無疑問。今日演講要談的是，這意味著什麼，以及政府應該做些什麼來保護公民的日常生活。我將以英國為主要的探討對象，因為該地公共暴力的惡化程度（反映在犯罪數據上）尤其驚人。不過，這個問題不只和一個國家有關。也不只和恐怖主義有關。這個主題涵蓋的範圍要大多了。例如，它還包括足球流氓主義，另一個在一九七〇年代誕生的歷史新現象。

顯然，如同我的挪威記憶所顯示的，由於任何人都可操作的強力毀滅性武器氾濫全球，並可以相當便宜的價錢由私人和小團體取得，因此這類暴力事件開始層出不窮。這原本是冷戰時期的產物，但由於這類器械可以賺進大把銀子，其產品數量自然是猛增暴漲。自從一九六〇年開始，每十年都可以看到生產這類武器的公司又興起了一堆，特別是在西歐和北美。一九九四年時，全球五十二個國家當中，共有三百家公司專門生產小型武器，比一九八〇年代中期增加了百分之二十五，到了二〇〇一年，這數字據估計已上升為五百家。換個方式來說：卡拉希尼可夫槍（**Kalashnikov**）或說**AK-47**攻擊步槍，這款最初在二次世界大戰期間於蘇聯發展出來的槍械，是最可怕的一種小型武器，根據《原子科學家公報》（*Bulletin of Atomic Scientists*）的估計，今日在世界上流通的這款步槍，絕對超過一億兩千五百萬枝。你可以在網路上下單購買，至少在美國的「Kalashnikov USA」公司的網站上可以買到。至於手槍和刀械，誰有辦法計算啊？

但是，公共失序現象，即便是以恐怖主義的極端形式出現，當然也不是建立在高科技或昂貴的裝備之上，就像二〇〇一年九一一事件所展示的。撞毀雙子星大樓的劫機者，身上的所有武器就只是地毯切割刀而已。幾個最長壽的武裝團體，像是愛爾蘭共和軍和艾塔組織，主要靠的是炸藥，有些還是土製炸藥。英國七月七日事件[1]的炸

1　譯註：七月七日炸彈客事件，指二〇〇五年七月七日早上尖峰時間發生在倫敦大眾交通系統上的連續爆炸事件，總計在倫敦地鐵和巴士上引爆了四枚炸彈，造成五十二名乘客和四名自殺客死亡，以及七百多人受傷，是倫敦歷史上最嚴重且死亡人數最多的一次恐怖攻擊事件。

彈客，也是自己製作武器。如果最近的報導正確的話，整起七月七日大屠殺所花費的炸彈金額，只不過幾百英鎊罷了。當然，還得加上他們的性命。所以，在我們牢記今日世界比以往充斥了更多殺人和傷人的玩意的同時，也別忘了這只是問題的冰山一角而已。

公共秩序比以前更難維持了嗎？政府和相關單位顯然如此認為。自一九七一年起，英國的警力規模已增加了百分之三十五，而在這個世紀末，平均每一千名公民可得到三十四位警力的保護，相對於三十年前的二十四點四位（也就是提高了百分之四十以上）。我還沒把受雇於保全行業的大約五十萬人計算進去——自從一九七一年全世界最大的保全公司Securicor取得股票交易行情開始，過去三十年來，保全這行的經濟產值已連翻了好幾倍。去年，這門行業大約包括了兩千五百家公司。如同大家都知道的，自從英國去工業化以來，便生產出大量身心健全的失業人口，對他們而言，保全工作是他們少數能找到的幾種受雇形式之一。你或許可以說，這一行再也不是建立在一個蘿蔔一個坑的規則之上，而是有一天會雇用大量人力，做到一對一的保全。

投入其中的不僅是更多人力，還包括更多武力。今日控制群眾的專家主要是倚靠下列四種手段來處理麻煩的示威活動：化學武器（例如催淚彈），諸如鎮暴槍和橡皮子彈之類的「動力學」，水砲，以及電擊科技。這裡有一張名單可說明各國控制死硬派群眾的不同方式，從傳統到現代都有：挪威四種都沒用；芬蘭、荷蘭、印度和義大利只使用一種（化學武器）；丹麥、愛爾蘭、俄羅斯、西班牙、加拿大和澳洲使用兩種；比利時和其他真正重量級的國家——美國、德國、法國、英國，加上小國奧地利——則是四種一應俱全。顯然，一度以其警察完全無須武裝為傲的英國，再也無法生活在有如挪威或芬蘭那樣秩序井然的世界裡了。

世局為什麼會發展成這樣呢？我想是因為發生了這兩件事。一是，艾里亞斯（Norbert Elias）在《文明化的歷程》（*The Process of Civilization*）這本書裡所分析的現象發生了逆轉。該書探討了中世紀以降西方公共行為的演變，認為西方人的公共行為變得越來越不暴力、越來越「有禮」，越來越深思熟慮，這種情形首先出現在有限的菁英當中，然後普及到多數人民。不過，這種說法已不適用於今日。我們對於公開罵髒話和刻意使用粗魯冒犯的言語等行為，已經習慣到想不起來這其實是非常晚近的事。當然，「幹」和「矗」這類字眼在諸如軍隊之類的男性團體中早已非常普遍，尤其是在進行嚴格粗暴的活動時，但我不認為有哪支西方軍隊曾經滿口俄羅斯風格的淫言穢語。還有，雖然我在上次大戰的軍隊中首次經歷過這樣的洗禮，但是當我離開軍隊之後，迎接我的依然是個彬彬有禮的世界。女性很少使用這類字眼，而且一直要到一九六〇年代，這類話語才變成一種普遍的社會習慣。大家應該還記得，一九六〇年代也就是「幹」（fuck）這個字首次進入英國印刷文化的年代。這個字一九六五年首次出現在英國的字典裡，美國則是在一九六九年頭一回看到。[2]

與此同時，傳統的社會規矩和慣例也日漸衰落。例如，青少年（介於十四到二十歲之間）犯罪行為顯然是在一九六〇年代下半葉開始出現不成比例地竄高。在睪丸素和男性氣概的催化下，年輕男子總是傾向粗魯喧鬧，特別是成群結隊的時候，比較理想的做法是給予某些限制，然後在某些情況下容忍他們。即便是渥德豪斯筆下，德羅尼酒吧（Drones）裡那些受過良好教育的年輕人也不例外。如果你們還記得，他們習慣在划船賽之夜敲掉警察頭盔的癖好，最後把伍斯特送進了酒街監獄[3]。然而飽受侵蝕的不只是社會規矩和慣例，還包括家庭的傳統和關係，這使得今日的年輕人變成了維多利亞時代所謂的「危險階級」。關於這點我將不再多言，還有時間更為長久的二十世紀的野蠻化歷程，這種野蠻化已進展到令人可恥的地步，西方的意識形態家竟然會為酷刑拷打提供知識上的正當性，簡直不可思議！關於這兩點我將不再多說什麼，但它們當然存在於背景之中。

第二個更為直接的現象，也是始於一九六〇年代晚期。那就是領土型民族國家的危機，亦即我們在上個世紀全都生活於其統治之下的那種國家形態。大約在兩百五十年前的某個轉捩點後，民族國家的權力、資源、行動範圍、知識和對其領土上所發生事務的控制能力，便一直不斷增長。這種發展乃獨立於政治和意識形態之外：在自由主義、保守主義、共產主義和法西斯主義的國家中，都可看到。這種國家形態在二次大戰之後採行福利國家和混合經濟的黃金時代達到最高峰。然而這一切的基礎，全在於國家對於法律所具有的先驗獨佔權，以及國家法庭高於一切法律（例如宗教法和習慣法）。國家對武力的獨佔權也是如此。在十九世紀那一百年間，大多數的西方國家都將公民得以攜帶和使用武器的權利排除殆盡，只有國家的代理人有此資格（運動競技除外），最後甚至連貴族和鄉紳的決鬥也一併禁止。（在這方面美國是重要的例外，在所有工業化國家中，過去兩百年來它的殺人率始終維持攀升的趨勢，和日漸下

---

2 Online Etymological Dictionary.

3 譯註：渥德豪斯（Wodehouse，一八八一——一九七五），英國小說家和幽默作家。霍布斯邦在此引用的是渥德豪斯代表作《天下無雙的吉夫斯》（*The Inimitable Jeeves*）裡的情節。文中的伍斯特是德羅尼酒吧的老闆。

滑的歐洲恰成對比。）[4]在英國，傳統上甚至禁止在私人打鬥中使用刀子和匕首，因為那是「非英格蘭的」，轉而採用拳架規則——業餘拳擊規則（Queensberry Rules）。在社會治安足夠穩定的情況下，甚至連公權力也會在公共場合解除武裝。在聯合王國當中，只有愛爾蘭的警察佩帶武器，以應付眾所周知的潛在暴動，但是在英國本島就非如此。公開的叛亂、暴動和抗議都已被機制化，也就是說，都已減縮為所謂的示威，而且經常在事先便已和警察協商過。倫敦市長李文斯通（Ken Livingstone）才剛剛拿自從維多利亞時代以來發生在海德公園和特拉法加廣場上的事情來提醒中國人。即便是在我們認為酷愛街頭暴力的國家，像是法國，不論群眾示威的口號喊得多激昂，情況也是如此。[5]就是因為這樣，所以一九六八年大巴黎地區的學生叛亂才沒造成任何實質傷亡，雙方都是。最近為了廢止法國年輕人就業新法所引發的抗議動員亦然。

不過，導致這種國家力量的衰退還有另一個因素：公民對國家的效忠以及隨時準備應國家要求奉獻己力的意願，正在不斷流失。兩次世界大戰都是由交戰國的徵召軍隊所打的，也就是說，是由數百萬準備「為他們的國家」殺敵捐軀的公民士兵所打的。但這種情形已不復再見。我很懷疑，如果今日政府在這件事上讓公民可以自由選擇，是否還會有任何政府能做到這點——美國當然不會，自從越戰之後，美國就廢除了徵兵制。而這點也適用於公民是否願意忍受法律的約束，也就是說，他們是否認為法律是具有道德正當性——只是情況比前者稍微好一點。假如我們覺得某條法律是正當合理的，我們就會願意遵守。我們相信足球賽就是需要裁判和邊審，因此我們信任他們執行他們的法定功能。如果我們不這麼做，那得花多少力氣去確立和維持場上的秩序？許多汽車駕駛根本不接受測速照相器的道德正當性，因此會毫不猶豫地避開它們。如果你能偷走走私品又不被抓到，沒人會覺得你有錯。一旦法律不具合理性，就只能倚靠害怕被抓或被懲罰的恐懼來使人遵守，這當然比志願遵守來得困難，也昂貴許多。我想，應該沒有幾個人會懷疑，基於種種理由，今日公民願意接受法律或社會日常行為慣例的程度，已經大不如以往。

---

4 Eric Monkkonen, 'Explaining American Exceptionalism' in *American Historical Review III*, No. 1, February 2006.

5 Danielle Tartakowsky, *Le pouvoir est dans la rue: Crises politiques et manifestations en France* (Paris, 1998), 'Conclusion', especially p. 228.

此外，全球化、快速提升的移動性，以及歐洲和其他地區大幅度取消邊界管控等等，都讓政府越來越難控制在它領土內進出的人員物資和發生的事件。因此嚴格說來，政府頂多只能管控那些從我們的機場口岸進進出出好讓我們日常經濟生活的步調不致停擺的容器裡的一小部分內容。非法商人和交易販子使盡全力善用這項利多，把政府無力控制或監看的國際金融交易當成他們的一大資產。奈姆（Moisés Naím）的《誰劫走了全球經濟》（*Illicit*），是晚近研究這種現象的名著，作者在書中斷然說到：「在對抗全球非法交易這場戰役中，政府正節節敗退……沒有任何一張牌預示出非法交易擴展將盛極而衰……甚至扭轉或抑制。」

凡此種種，在過去三十年來，嚴重削弱了國家和政府的權力。在一些極端案例中，國家甚至失去了對於部分領土的控制權。美國中情局在二〇〇四年指出，全球有超過五十個地區，是其中央政府幾乎或完全無法執行管制的地區。「但是，」請容我再次引用奈姆那本討論非法經濟的書：「事實上，今日幾乎沒有哪個國家不存在不受法律約束的三不管地帶，這些地區早已融入更大型的全球網絡當中。」[6]情況稍好的案例，比方說像是英國或西班牙這類穩定而繁榮的國家，倒是還可能在長達數十年的時間裡，和境內那些政府軍無法完全消滅的小型武裝團體並存共處。儘管今日有關國家和人口的資訊比起以往不知豐富了多少，但情況並未改善。雖然公部門如今擁有各式各樣優於以往任何時期的科技能力可以窺看其居民、監聽他們的談話、閱讀他們的電子郵件，並可如同英國那樣，透過無數的監視攝影機監看他們，但政府對於任何時刻確實居住在其領土之內的人民的身分和數量，他們住在哪裡，以及正在做些什麼，卻無法像他們的前輩那樣一清二楚。今日負責人口普查的人員，對於他們的調查數據已不像喬治四世或五世時代的同業那樣有自信，而他們確實有理由如此。

以上各點都可解釋，為何即便是運作良好的有效政府，也必須在某種程度上適應比以往高出許多的非官方暴力。想想最近三十年來的北愛爾蘭。拜武力和默許調停結合之賜，儘管處於次內戰狀態，但是政府和日常生活都還能有效運作，包括該省內外的運動。世界各地的有錢人，都靠著建立關卡重重的社區來解決窮人的暴力威脅，這點在英國是相當晚近的現象，而最明顯的地方是船塢區（Docklands）。據說在英國大約有一百個這樣的社區，大多規模很小，不過這和有七百萬家庭住在這類堡壘住宅群的美國相比，可說小巫見大巫，在美國，有半數以上的這類社區，「其出入口有大

6 Moisés Naím, *Illicit* (New York, 2005).

門、密碼、卡片鑰匙和保全警衛重重防守」。[7]隨著時代變得越來越暴力，這種趨勢就竄升得更為快速，凡是在過去幾年到過里約熱內盧或墨西哥市的人，都可證明這點。然而，我們能做些什麼來遏止情勢惡化嗎？

這牽涉到兩個問題。首先，在一個暴力的時代，這種新的公共秩序問題有可能被控制嗎？答案必然是肯定的，雖然我們還不清楚能控制到什麼程度。足球流氓主義就是很好的範例，告訴我們可以怎麼做到。在英國，足球流氓行為大約是在一九六〇年代變成一種常態性的群眾現象，並在其他國家廣為複製。一九八〇年代達到最高峰，發生了可怕的布拉福事件[8]，甚至在一九八五年歐洲盃利物浦和尤文圖斯（Juventus）兩隊的冠軍賽中，於布魯塞爾的海瑟爾球場（Heysel Stadium）奪走三十九條人命。當時有許多人表示需要採取極端措施，諸如強迫佩帶身分證之類，但最後卻是因為一些比較溫和的做法，使足球流氓行為在英國大大減輕。這些做法包括一些技術性的改變，像是全座位的場地和閉路電視，更好的情報收集和協調，以及更有彈性的政策戰術，像是以孤立已知的「流氓」來取代地毯式地「封鎖」場地內外的所有球迷。此外，警方把管理場內秩序的責任交給球隊管理員，因此可以集中力量來處理比較嚴重的事件。所有這一切都必須付出高昂的代價，非常高昂，包括金錢和人力。一九九六年在英國舉行的歐洲盃，總共動員了一萬名警力；至於二〇〇六年德國世界盃所花費的維安經費和人力，我還沒看到相關估計。不過這的確達到了改善的目標，而且並未祭出當初建議的嚴厲手段。同樣的，今日的紐約也是個比以往安全許多的地方，我們這些還記得一九七〇和一九八〇年代那個骯髒、危險的紐約的人，都可以作證。這方面主要得歸功於市長朱利安尼（Rudy Giuliani），而他之所以能成功，多半也是因為警察戰術的改變（絕不寬貸），而非增加紐約警察早已令人咋舌的彈藥量。

這接著導出了第二個問題：在控制公共秩序時，武力與信任感或說公信力之間的平衡點在哪裡？在一個暴力的時代想要維持秩序，是一件更困難也更危險的任務，增加配備武力和科技化的警力並非最不重要的事，但更好的做法是將他們的執勤配備設計成用來抵禦身體攻擊，看起來像是持盾牌戴盔甲的中古武士。要讓警察把自己看成是具備特殊專業知識的「守護」團體，獨立於政治家、法庭和自由媒體（並無視於這

---

7 Chris E. McGooey, 'Gated Communities: Access Control Issues' (www.crimedoctor.com/grated.htm).

8 譯註：布拉福事件（Bradford Incident）指的是一九八五年英國足球聯盟於布拉福市舉行決賽時發生的火災慘劇，有五十六人喪生。

些人的批評）。今日的世界——不只是歐洲以外的地區——充斥著抱持以下信念的警察和安全人員，他們認為，不管政府和媒體在大眾面前說些什麼，最終維持秩序的並非法律而是武力（必要時甚至是暴力），而這項信念讓他們至少擁有政府和輿論的默許支持。在英國，繼一九五〇和一九六〇年代的平靜安寧之後，面對愛爾蘭共和軍、礦工罷工和種族暴動這類新情勢，政府的第一反應是展開攻擊，升高衝突，甚至到達準軍事狀態的程度，即便在英國本土亦然。恐怖分子的挑戰進一步助長了警力軍事化。「直接開槍射殺」政策已經造成好幾件其實可以避免的無辜犧牲，像是巴西人曼奇尼斯[9]。所幸，英國尚未步入歐陸的後塵，用諸如法國防暴隊（CRS）之類的特種武裝鎮暴部隊來執勤。

另一方面，有兩件事乃基本的警察常識。第一，警察不是空想家。他們可沒想要完全消滅犯罪；他們的目標只是減低和控制犯罪，讓平民人口不受傷害。這種想法雖然可能讓某些人腐化墮落，但也讓警察對政治聖戰始終抱持懷疑態度。第二，這點更重要，警察的目的是為了保護人民的公共秩序，當他們在孤立或追捕「麻煩製造者」時，不應和人民處於敵對立場。當警方過度使用武力，尤其是在面對團體的時候，很容易會引發這種敵對心態，就算警方沒把全體公眾都視為敵人，也會把那些他們認為包藏了大量無賴暴徒的大型團體視為敵人：黑人、內城的青少年、亞洲人，等等。這麼做，只會讓公共秩序變得更加危險。一九七〇年代的諾丁山嘉年華暴動，就是個很好的例子，該起暴動是因為一名極度不分青紅皂白的警察以「截停搜查」（stop and search）的方式來逮捕扒手，在當地民眾看來，這完全是針對黑人的種族攻擊。這才是真正的危險所在。在一九八一年的布里克斯頓暴動[10]中，警方無疑是把所有的黑人都當成潛在暴動犯，並因此惡化了與當地居民的關係。所幸，在北愛騷亂期間，英國

9　譯註：曼奇尼斯（Jean Charles de Menezes，一九七八—二〇〇五），巴西籍的倫敦電工，二〇〇五年七月二十二日在倫敦地鐵站遭到便衣警察槍殺，因為警察懷疑他和七月七日發生的倫敦爆炸案有關，但事後證明他完全是無辜的。

10　譯註：布里克斯頓暴動（Brixton riot），一九八一年四月發生於倫敦南郊布里克斯頓地區的暴動事件，是二十世紀倫敦史上最嚴重的暴動事件之一。布里克斯頓是一塊高失業、高犯罪的貧窮地區，居民主要以黑人為主，警方與該區的關係一直非常緊繃。該年四月初，倫敦警方開始於該區執行掃蕩政策，企圖以「截停搜查」的方式減少該區的街頭犯罪。十日晚上，警方逮捕一名青少年，在將他拖行到警局途中，遭到攻擊，隔日，警方調來大量員警企圖封鎖該區，引發當地居民反彈，衝突就此展開。最後造成三百名警察和六十多位年長居民受傷，一百多輛汽車被毀，一百多棟房子焚燒，逮捕了八十餘人，據估計，當天參與暴動者約有五千人。

本島的警察並未把所有愛爾蘭人都當成愛爾蘭共和軍的潛在成員。不論是否處於暴力時代，想要維持公共秩序，都必須在武力、信任和智慧之間取得平衡。

在英國，正常情況下，我們對於由政府和公共秩序力量所建立的平衡，大多是有信心的，哪怕有一兩次失控。但是自從九一一事件之後，情況已不再正常。我們被淹沒在一波又一波的政治修辭當中，像是來自國外的不知名恐怖威脅，對於大規模毀滅性武器的歇斯底里，惡名昭彰的「反恐戰爭」，以及「捍衛我們的生活方式」以對抗定義不明的外部敵人和其內部的恐怖主義代理人。這類修辭根本是惟恐天下不亂，只是為了讓民眾毛骨悚然，完全無助於對抗恐怖活動——至於其中的政治目的，我就留給你們去回答。因為製造毛骨悚然的恐懼情境，正是恐怖分子努力想要達到的目標。他們的政治目的並非藉由殺人之類的行動來達成，而是大肆宣傳他們即將展開屠殺，藉此讓民眾陷入混亂失控。在英國真正面對恐怖分子不斷挑戰的那個時期，也就是愛爾蘭共和軍接連滋事那段期間，有關當局對付恐怖行動的基本原則是，盡可能不讓他們有任何曝光或宣傳反制措施的機會。

所以，讓我們把這些垃圾想法理清楚。所謂的「反恐戰爭」根本不是一場戰爭，除非是做為一種隱喻，像是我們談到「反毒戰爭」或「兩性戰爭」時所指的意思。

「敵人」根本無法打敗我們，甚至無法對我們做出重大傷害。二〇〇五年由美國國務院針對全球恐怖主義所做的一項調查，列出了——刻意漏掉伊拉克這場貨真價實的戰爭——七千五百件「恐怖主義攻擊」事件，其中六千六百件曾造成人命損失，並指出這類攻擊大部分是以失敗收場。我們目前所面對的小型恐怖主義團體，就是我們一直以來所熟悉的那種，其中只有兩個重要的新特點。其一是，和早期的恐怖分子不同，新恐怖團體打算進行不分青紅皂白的屠殺，也確實以此為目標。事實上，他們已經犯下一起四位數的死亡屠殺，一些數百人死亡的屠殺和一堆二位數死亡的事件。另一項是令人驚駭的歷史新發明：自殺炸彈。這兩個新特點都相當嚴重，特別是在這個網路時代，以及極具毀滅性的小型可攜帶式武器很容易取得的情況下。我不想否認，當前的恐怖主義確實比先前的更具威脅性，有關單位為此祭出非常手段也是無可厚非的。但是，請讓我再重述一次，這並不是一場戰爭，也不會變成一場戰爭。這基本上只是一個相當嚴重的公共秩序問題。

公共安全，也就是人們所謂的「法律與秩序」，本質上該由承平時期的內政機制和當局來提供保護，包括警察在內。戰爭機制——也就是武力——只有在發生戰爭和非常罕見的內政機制崩潰的情況下，才可以動員。即便是處於局部戰爭的局勢下，例如北愛爾蘭的例子，長久以來的經驗也告訴我們，以軍隊來維持公共秩序而缺乏獨立於軍隊的正規警力，在政治上是非常危險的。雖然所有人都在談論恐怖主義，但歐盟沒有任何一個國家正處於戰爭狀態，或看似要進入戰爭狀態，也沒有任何一個歐盟國家的社會和政治紋理脆弱到可以讓小型行動團體嚴重顛覆。當前的國際恐怖主義之所以比先前的類似運動要來得嚴重，是因為它的屠殺能力增加了，並刻意不分皂白地選取對象，而非因為它是某種政治或戰略的代理人。我認為，當前恐怖主義的危險性仍比不上自一九七〇年代以來蔚為風潮的政治暗殺，後者之所以沒那麼吸引媒體的關注，是因為它並未對英國和美國造成影響。嚴重如九一一事件，都只讓紐約的步調中斷了幾個小時而已，而且所有善後工作也是由正常的內政單位迅速而有效地處理妥當。

恐怖主義需要特別花費心力去應付，但重要的是我們別因此昏了頭。理論上，一個處理過愛爾蘭問題長達三十年且從未失去其冷靜作風的國家，現在也不可能失去理智。而實際上，恐怖主義的真正危險並非來自一小撮匿名狂熱者所製造的真實威脅，而是來自他們的行動所激起的非理性恐懼，而這正是今日的媒體和愚笨的政府火上加油之處。這才是我們這個時代主要的危險之一，絕對比小型恐怖主義團體更危險。

第十章

# 不斷擴張的帝國

本文為二〇〇三年為法國《世界外交論衡月刊》所寫的專文。

當前的世界局勢是史無前例的。先前曾經見過的全球大帝國，諸如十六、十七世紀的西班牙帝國，和十九、二十世紀著名的大英帝國，完全無法和今日的美利堅帝國相提並論。

我們生活在一個如此緊密結合、其日常運作如此脣齒相依的世界，只要有任何一點小干擾，都會立即引發全球性的後果——例如，從中國不知某處源起的SARS，幾天之內就蔓延成一種全球現象。世界運輸系統、國際會議和機構、全球市場，甚至整體經濟的崩解，都以前此無法想像的速度上演。

在經濟以及最重要的軍事武力上，我們擁有不斷革新的強大科技。今日，科技對於軍事事務的決定性更甚於以往。全球規模的政治強權如今必須是能支配這種科技，同時結合領土極端龐大的國家。在此之前，幅員問題並不重要：大英帝國在氣勢最盛的時代，即便以當時的標準而言，英國本土也只是一個中型國家。而在十七世紀，與瑞士屬於同級大小的荷蘭，也能竄升為叱咤全球的要角。但是到了今天，不論該國多麼富有、在科技上又如何先進，若是缺乏相對龐大的幅員，勢必無法登上全球霸權的寶座。

這和今日政治的複雜本質有關。我們的世紀仍然是屬於民族國家的世紀——這是全球化唯一未能全球化的面向。但這是一種奇怪的國家類型，在這類國家中，幾乎每一個一般居民都扮演重要的角色。過去，國家決定者只限於一小群所謂的思想之士。而在十九世紀末和二十世紀初，政府居然可以指望動員其全體人民，於今回顧，這真是相當不可思議。不過無論如何，今日人民所想的，或人民打算去做的，和以往比起來，都更直接指向自身。

美利堅帝國方案的一項嶄新之處在於，其他所有強權和帝國都知道自己並非唯一，也沒人以主導全世界做為目標。沒有任何國家相信自己刀槍不入，即便他們相信自己是世界的中心——例如之前的中國，還有極盛時期的羅馬。直到冷戰結束之前，區域性的支配強權是國際關係系統所能想像的最大危險。千萬不要把一四九二年後可以將觸角伸到全世界這件事，和足以支配全球的統治優勢混為一談。

十九世紀的大英帝國是唯一一個真正的全球帝國，因為其運作範圍跨越了整個地球，足可稱之為美利堅帝國的先驅。相對的，共產主義時代的俄羅斯也夢想著一個由它改造後的世界，但它非常清楚，即便是在蘇聯勢力最巔峰的時代，世界的主導權也不在他們手上，而且，和冷戰的修辭正相反，他們從未認真想要取得這樣的主導權。

但是今日的美國和一個多世紀前的英國相比，兩者的野心可說有天壤之別。首先，美國是一個實質上的巨大國家，擁有全世界最多的人口，並因為幾乎毫無限制的移民而不斷成長（和歐盟不同）。兩者在風格上也不一樣。大英帝國在全盛時期佔領並統治了地表的四分之一。而美國除了在十九世紀末和二十世紀初趕搭殖民帝國主義的國際風潮實行過短暫的殖民政策之外，其他時間都不算是個真正的殖民帝國。美國主要是靠依賴國家和衛星國家進行運作，特別是在西半球地區，在那裡，它根本毫無對手。和英國不同，美國在二十世紀於這些地區發展出一種武力干預的政策。

由於在大英帝國那段時間，世界帝國的決定性武力是海軍，因此英國在全世界拿下了許多重要的航海戰略要地以及補給站。這就是為什麼從直布羅陀到聖赫勒拿島（St Helena）乃至福克蘭群島，至今仍可看到英國國旗飄揚的原因。在大西洋以外的地區，美國一直要到一九四一年後才開始需要這類基地，但它是靠協商取得，在當時，這確實可稱之為名副其實的志願者同盟（coalition of willing）。如今，情勢不同了。美國已經意識到，除了繼續以間接方式控制之外，也必須直接掌握大量的這類基地。

英美兩帝國的國內結構和意識形態也有顯著差異。雖然在大英帝國的宣傳本質中也可找到利他主義的動機，但基本上大英帝國為的是英國的利益而非普世人民。

因此，英國當年用廢除奴隸貿易來為其海上勢力提供正當性，就像今日美國經常用人權來為其軍事霸權提供合理藉口一樣。另一方面，美國和革命的法國與革命的俄國一樣，是一個以普世革命為基礎的強權，並因此深信世界其他地區都應該追隨它的腳步，甚至相信它應該幫助世界其他地方完成解放大業。這世界少數幾件最可怕的事情之一，就是當帝國在追求其自身利益的同時，卻深信自己這麼做是在造福人類。

然而，英美之間最根本的差異是，大英帝國雖然是全球性的（在某些意義上，甚至比今日的美國更具全球性，因為它隻手控制的海洋範圍，今日仍沒有其他國家能以空權趕上），但它並未以全球霸權為目標，甚至從沒想過要在歐洲和美洲地區扮演軍事和政治的陸上強權。它追求的是英國的基本利益，也就是經濟利益，並盡量不與這抵觸。它始終清楚地意識到，英國的面積和資源都是有限的。一九一八年後，它也明確知道其帝國勢力正在走下坡。

但是英國做為第一個工業國家，其全球帝國順應全球化的趨勢，確實對英國本身的經濟發展產生極大的促進作用。大英帝國是一個國際貿易系統，這套系統和英國本身的工業發展一樣，基本上靠的是將製造品出口到較落後的國家，然後，讓英國變成世界原物料的主要市場。當它失去世界工廠的身分之後，隨即轉型為全球金融體系的中心。

美國的經濟就非如此。它是建立在保護本土工業的原則之上，以其潛力無窮的巨大國內市場對抗外部的競爭，直到今日，這依然是美國政治上一個強有力的因素。當美國工業開始在全球享有優勢之時，自由貿易正中下懷，就像自由貿易也曾經非常適合英國一樣。但是二十一世紀美利堅帝國的弱點之一，正是今日的美國經濟不復往日那般具有主導權。美國明明從世界各地進口數量驚人的工業製品，但業界和選民的反應卻與此相違，依然堅持保護主義心態。這其中存在著某種矛盾，一方面，美國以其一手掌控的自由貿易意識形態主導世界，但另一方面，美國內部卻有一股強大的政治力量，認為本國的經濟因此日漸衰落。

可以挽救這種衰落趨勢的少數方法之一，就是擴大武器貿易。這也是大英帝國和美利堅帝國另一個不同之處。特別是自第二次大戰開始，美國一直維持極其高度的持久性軍備，在現代史上，這是承平時期史無前例的狀況；也許正是因為這樣，所以艾森豪總統才把這種優勢稱為軍事工業複合體。冷戰時期那四十幾年間，雙方不管在口頭或行為上都表現出一副戰爭正在進行或即將爆發的樣子。大英帝國在一百年的時間內臻於顛峰（一八一五年至一九一四年），期間沒有爆發任何大型國際戰爭。此外，儘管冷戰結束前夕，美國和蘇聯的權勢明顯不成比例，但刺激美國軍事工業成長的力量卻比以往大了許多，並從那時一直延續到今天。

冷戰讓美國變成西方世界的霸主。不過，這所謂的霸主，指的是聯盟的首腦。當然，沒有哪個國家對彼此的相對權力存有任何幻想。權力在華府手上，不在其他地方。於是，歐洲以某種方式承認美利堅世界帝國這個必然的結果，然而如今，美國政府卻得面這樣的事實：美利堅帝國和其目標不再是眾所接受的真理。如今不再有志願者同盟；事實上，當前的美國政策，其不受歡迎的程度甚於以往的所有美國政府，大概也甚於其他任何強權。

在國際事務上，過去美國是以某種程度的傳統禮貌領導盟邦，原因無他，只因為歐洲是對抗蘇聯軍隊的最前線，但美國堅持，這個聯盟必須是永久性的，並以美國的軍事科技為基礎，藉此將盟邦牢牢地與美國焊接在一起。美國始終堅決反對歐洲擁有獨立軍事的可能性。從戴高樂時代以來，美國和法國之間長久的摩擦根源，就在於法國拒絕接受國與國之間的永久性聯盟，並堅持維持獨立生產高科技軍事配備的潛力。不過無論如何，整體而言，這個結盟確實是「志願者同盟」。

結果，蘇聯瓦解，美國成為實際上的唯一超強，沒有其他強權有能力或有意願去挑戰這個地位。正因如此，當美國突然之間變成一個過分、無禮又愛挑釁炫耀的強權時，實在令人難以理解，因為這麼做既不符合它在冷戰期間發展出來而且久經考驗的帝國政策，也不符合美國的經濟利益。近來盛行於華府的那些政策，對所有局外而言似乎都瘋狂到無法理解它們真正的用意到底何在。不過很明顯的是，以武力公開宣示其全球霸權，是此刻主導——或至少是半主導——華府決策的那些人心中的想法。但其目的，我們還不清楚。

問題是，這可能成功嗎？今日的世界太過複雜，絕非單一國家能夠主導。而美國除了其高科技武器方面的軍事優勢之外，其他資產都正在逐日縮小。其經濟規模雖然很大，但在世界經濟中所佔的分量卻日漸減輕。不論長期或短期都有其弱點。比方說，想像一下，明天石油輸出國組織決定把它所有的歐元帳單全改成美金。

雖然美國還保有若干政治優勢，但在過去十八個月裡，已全部被他們丟出窗外。只剩下一些比較次要的資產，像是美國文化對世界文化的絕對主導權，以及英語的強勢地位。但對於當前的美利堅帝國計畫而言，其主要資產是軍事。目前，美利堅帝國在軍事方面毫無競爭對手，這一點在可見的未來似乎不會改變。這種無可匹敵的軍事優勢在地方化戰爭中雖然具有決定性的影響力，但這並不意味著它擁有絕對的決定性。但就實際面而言，目前確實沒有其他國家能夠達到美國的科技水準，即便中國也沒辦法。不過在這點上，我們仍須把科技優勢的某些限制仔細考慮進去。

當然，理論上美國並不想佔據全世界。它的目的是發動戰爭，建立對它友善的政府，然後回家。這是行不通的。就純軍事的角度而言，伊拉克戰爭非常成功。但因為它是純軍事性的，所以完全忽略了如果想佔領一個國家所必須做的種種措施——經營它、維持它，比方說，像英國曾經在印度做過的那套標準殖民模式。美國想藉由伊拉克提供給世界的那套「民主」模式，既無模式可言，也和這個目的毫不相干。美國相信自己不須在其他國家裡尋求真正的盟友，或不需要在它可以實現軍事征服的國家中得到真正的民意支持，這樣的信念是一種狂想。

伊拉克戰爭示範了美國在決策制定上的十足輕率。伊拉克是個曾經被美國擊敗但拒絕倒下的國家。它是個虛弱到很容易被擊敗的國家。它恰巧還擁有珍貴的石油資產，但基本上，這場戰爭只是為了展示美國的國際力量。華府夸夸其談的那種瘋狂政策，也就是徹底改造整個中東地區，根本是沒有意義的。如果美國的目的是要推翻沙烏地王國，那它打算用誰來取代該王國的位置？如果美國是認真想要改變中東，我們知道它必須做的事情之一，就是逼迫以色列。小布希的父親曾經想這麼做，但現任的白宮政府並不想。相反的，白宮政府已經摧毀了中東地區兩個確定無疑的世俗政府中的一個，而且正打算對抗另一個——敘利亞。

從公共關係的角度來看，就美國已經提出的目標而言，這項政策顯然空洞無比。美國根本不打算把「邪惡軸心」或「中東和平路線圖」這樣的詞句發展成政策宣言，而只是一些片段話語，任由它們在提出之後積累出自己的政策可能性。過去十八個月來淹沒全世界的，全是一些欺弄含混的「官說新語」，由此可見其中根本沒有任何真實的政策。布希不是在執行政策，而是在演舞台劇。諸如珀爾[1]和沃夫維茨[2]之類的官員，台上台下談起話來都是一副藍波口吻。這些，就是美國的壓倒性權力。在真實的意義上，這些意味著美國可以入侵任何一個夠小又可以快速贏得勝利的國家。這不是政策。也不可能奏效。這樣做的結果對美國將會非常危險。就其本國而言，對一個以控制世界、特別是以軍事手段控制世界為目標的國家而言，真正的危險是走向軍事化——這項危險一直被嚴重低估。

從國際角度來看，其危險在於使世界陷入不穩定的狀態。中東地區正是這種暗中顛覆的不穩定範例：如今該地已比十年前或甚至五年前動盪許多。美國的政策弱化了所有正式或非正式的維持秩序的另類安排。在歐洲，它破壞了北約組織——這不是很大的損失，但它試圖將北約轉變成為美國服務的世界軍事警察，卻是一種拙劣的扭曲。它小心謹慎地破壞歐盟，並有系統地想要毀掉自一九四五年來所建立的另一項偉大世界成就——繁榮昌盛的民主社會福利國家。大家普遍感受到的聯合國的信用危機，並沒它表面上看起來那麼嚴重，因為一直以來，聯合國的角色都是邊緣性的，因為它的行動完全取決於安理會的同意，以及美國的否決權。

世界該如何面對或遏制美國？有些人相信他們沒能力對抗美國，因而傾向加入它。比較危險的是那些痛恨五角大廈背後的意識形態，但卻支持美國行動的人，因為他們以為在行動的過程中，可以消除掉某些地方或區域的不公不義。有人或許會把這稱為人權帝國主義。歐洲一九九〇年代在巴爾幹半島的失敗，助長了這種想法。對於伊拉克戰爭的意見分歧，顯示出有少數具有影響力的知識分子，包括美國的伊格納蒂

1 譯註：珀爾（Richard Perle，一九四一—），美國Bechtel生化公司的前總裁，惡名昭彰的極右派人士，長年提倡所謂「先發制人攻擊」，並曾公開揚言美國應對敵對國家使用核子武器。一九八七年至二〇〇四年間長期擔任美國國防部國防政策委員會主席，是伊拉克戰爭幕後的靈魂人物。

2 譯註：沃夫維茨（Paul Wolfowitz，一九四三—），美國前國防部副部長，新保守主義的軍事戰略家，布希政府裡的鷹派代表人物之一，曾任世界銀行總裁。

夫[3]和法國的庫許奈[4]，準備支持美國的干預政策，因為他們認為，必須有某個力量來矯正世界的禍害。確實有這樣的例子存在，有些政府真是壞到它們的消失對世界而言絕對是有百利而無一害。然而這絕對構不成正當的理由，讓全球冒險去創造出一個世界強權，這個強權基本上對它不了解的世界根本沒興趣，它在意的只是若有任何人做了華府不喜歡的事，它就有權力可以用武力進行決定性干預。

與這背景相對的是，我們發現媒體的壓力越來越大，因為在今日的世界裡輿論極其重要，同時也受到強大的操控。在一九九〇年至一九九一年的波灣戰爭中，政府不讓媒體靠近任何行動現場，想藉此有系統的避免重蹈越戰覆轍。但這些做法都沒奏效，因為確實有媒體，例如CNN，在巴格達報導一些不符合華府想要的故事。伊拉克戰爭期間，這類控制再度失效，而政府勢必會想辦法找到更有效的方式。或許會採取直接控制的手段，甚至是祭出科技控制的殺手皿，不過，政府和壟斷業主之間的結合，將會比現在和福斯新聞（Fox News）的結合，或在義大利與貝魯斯科尼[5]的結合發揮更大的功效。

美利堅帝國當前的優勢會持續多久，現在還很難說。我們唯一可以肯定的是，它將如同其他所有帝國一樣，是一種短暫的歷史現象。才不過一輩子的時間，我們就已經看到所有殖民帝國的終結，看到所謂的德意志「千年帝國」的滅亡，也看到蘇維埃世界革命夢想的破滅。

美利堅帝國之所以無法持續，有其本質上的原因，其中最重要的是，大多數美國人對帝國主義並沒興趣，或說對於必須去經營世界的世界霸權並沒興趣。他們關心的是在美國內部發生在他們身上的事。例如，美國經濟的衰落程度，已經到了政府和選民都認為應該集中心力加以關注，其重要性遠勝於繼續進行對外軍事冒險；而由於當前外國軍事干預的花費大部分都必須由美國人民買單——波灣戰爭並非如此，在很大

3 譯註：伊格納蒂夫（Michael Ignatieff，一九四七—），西方當今最有名的公共知識分子之一，是人權主義者，深度報導記者及學者，著作主題包括民族主義、恐怖主義和人權主義等。二〇〇四年返回加拿大參選國會議員並順利當選。

4 譯註：庫許奈（Bernard Kouchner，一九三九—），法國左派知識分子、政治家、外交家和醫生，是「世界無疆界醫生」（MSF）組織的創始人，長期關注人權運動。曾於二〇〇七年出任法國外交部長。

5 譯註：貝魯斯科尼（Silvio Berlusconi，一九三八—），義大利第一富豪及媒體大亨，掌握義國重要的電子和平面媒體。一九九四年創建義大利力量黨，擔任黨主席，並多次在國會大選獲勝後擔任義國總理，是媒體與政治結合的代表人物。

的程度上冷戰也非如此——所以美國人民對此格外反感。

自一九九七至九八年起，我們便生活在資本主義世界經濟的危機之中。資本主義世界經濟並未走向崩潰，但無論如何，當它變成美國內部的嚴重問題時，美國的對外野心大概也就無法繼續下去。即便單以美國本土產業的標準，布希都沒提出任何適當的經濟政策。而布希現行的國際政策更是一點也不理性，不僅無助於美國帝國主義的利益，無助於全球的利益，對美國資本主義的利益更是毫無貢獻。因此，美國政府內部也出現了意見分歧。

眼前的關鍵課題是，美國下一步要做什麼？以及其他國家將如何回應？某些國家，比方說英國——統治聯盟中除了美國之外的唯一真正成員——是否仍將繼續支持美國的所有方案？這些政府必須明白指出，美國霸權的行使範圍是有限制的。到目前為止，在這方面表現的最積極的是土耳其，雖然它知道自己必須付出代價，但還是表示有些事情不打算跟進。但此刻的當務之急，就算不是遏制美國，也必須給予它某種程度的教育或再教育。曾經有一段時間，美利堅帝國知道自己的限制，或至少表現得像是知道自己的限制。那大部分是因為它們害怕另一個強權，也就是蘇聯。在缺乏這種恐懼的情況下，就必須以開明的利己[6]和教育來接手。

6 譯註：開明的利己（enlightened self-interest）指的是一種理性的利己主義，行為者知道自己在這個社會上需要他人，某些利他的行為，最終也會讓自己受益，因此他願意基於長期較大的利益而犧牲短期較小的利益，會為了實現較永恆的價值而放棄短暫立即的享受。

附錄

# 艾瑞克．霍布斯邦重要著作

（節選）

**霍布斯邦的年代四部曲（從法國大革命到冷戰結束，追尋歐洲歷史的里程碑）**

革命的年代：1789-1848

資本的年代：1848-1875

帝國的年代：1875-1914

極端的年代：1914-1991（上、下）

**論歷史**

**非凡小人物：反對、造反及爵士樂（上、下）**

**如何改變世界：馬克思與馬克思主義，回顧、反思，與前瞻**

**斷裂的年代：二十世紀的文化與社會**

**論民族主義（暫譯）**

## 革命的年代：1789-1848

*The Age of Revolution: Europe 1789-1848*

革命的年代是一場新舊交替的雙元革命，舊經濟被碾碎於工業革命的巨輪下，舊體制被送上民主斷頭台。自此，資本主義生產模式與自由主義、功利主義攜手改造歐洲，在政治革命的煙硝中，開啟了由歐洲主導的現代世界。

全書結構主要有兩部分，先從一七八〇年代的發展說起，並詳述工業革命及法國大革命對世界的影響。第二部分則是分別從土地、工業、職業、勞動貧民、宗教、藝術、科學等篇章，詳述這個時代的面貌——藝術熱切擁抱浪漫，科學理性懷疑古典；工業趾高氣揚的擴進，勞動貧民憤恨哀號，社會主義與民族主義躍上人類的舞台。霍布斯邦以精湛的筆法，描寫歐洲歷史上深具意義的六十年。

## 資本的年代：1848-1875

*The Age of Capital: 1848-1875*

一八六〇年代，世界經濟和政治詞彙裡多了一個新詞：「資本主義」，自此一點一滴逐漸滲入影響世界。在經濟一片大好的繁榮時代裡，掌控資本科技的勝利者，主宰了抱持傳統的失敗者。大批農民離開淪為商品的土地，流向城市、工業，在無根的環境裡緩慢凝結其工人意識；受人敬重的資產階級，在其堅實的家庭堡壘中，創造出自由主義的不朽傳奇。

這是一個以自由主義資產階級為主軸的世紀，一個改造世界的世紀。

## 帝國的年代：1875-1914

*The Age of Empire: 1875-1914*

資本主義國家迎來日趨穩定的經濟和社會狀況，實現了科學、藝術的偉大革新，並將其經濟和軍事上的霸權，正式轉化為有系統的征伐、兼併和統治，使世界進入殖民帝國的時代。

另一方面，這一切又不可避免地激起了反叛和革命的合併力量。工人階級大規模組織運動躍然出現，要求推翻資本主義。政治動力由中產菁英移到動員群眾，民族主義揮舞著國旗向右走去；女性掙出黑暗現身歷史，大眾藝術完成了前衛人士志在促成的文化革命。帝國格局逐漸惡化，超出各國政府控制能力的國際形勢，最終導致第一次世界大戰的爆發。

## 極端的年代：1914-1991（上、下）

*The Age of Extremes: The Short Twentieth Century 1914-1991*

霍布斯邦定義此時期為「短二十世紀」。從一九一四年世界大戰爆發，到二次大戰結束，是大災難的時期。緊接著，經濟成長異常繁榮，社會有著極大變遷：這短短數十年對人類社會造成的改變，恐怕遠勝任何長度相當的歷史時期。如今回溯起來，它的確可以被視為某種黃金年代。

而二十世紀的後半部，則是一個解體分散、彷徨不定、危機重重的年代——對世界的極大部分來說，如非洲、前蘇聯，以及歐洲前社會主義地區，是另一個災難時期。二十世紀，為人類興起了所能想像的最大希望，但同時也是摧毀了所有幻望和理想的「極端年代」。

## 論歷史

*On History*

本書廣博地反映了霍布斯邦畢生對過去、現代和未來的關懷。他關心社會與政治兩方面對於歷史的運用與濫用，也關心人們是如何理解世界、塑造世界，即歷史學對於其他學科（特別是社會科學）的價值。另一方面，霍布斯邦藉此討論、調查各種歷史的趨勢與潮流，並予以批判評估。他也探討馬克思與當代歷史潮流的關係；處理歐洲史、下層史、俄國革命和破壞文明發展的全球性野蠻主義。

透過嚴謹深刻的敘述，霍布斯邦引領讀者一同思考歷史的理論、實踐與發展，並思索歷史與現代世界千絲萬縷的關係。

## 非凡小人物：反對、造反及爵士樂（上、下）

*Uncommon People: Resistance, Rebellion and Jazz*

勞工、農民、雜貨商、公車收票員、調酒師、盜匪、黑手黨……，這些沒沒無聞的人物，除了家人和街坊鄰居以外，他們的名字不被知曉。即使是在現代國家，那些政府機關也罕有關於他們的資料。但假若從集體社會的層面來看，正是這些男男女女作為主要的歷史行動者，改變了人類文化和歷史的樣貌。二十世紀的這種情況，比歷史上的任何時期更形顯著。

霍布斯邦將這些「尋常人物」（common people）從被遺忘的狀態中打撈出來，細究他們在時代中不凡的貢獻，將他們正名為「非凡小人物」（Uncommon People）。

## 如何改變世界：馬克思與馬克思主義，回顧、反思，與前瞻

*How to Change the World: Marx and Marxism 1840-2011*

終身篤信左派思想的霍布斯邦在晚年仍不改其志，在重新發掘、詮釋馬克斯思想

的過程中，展現他對左派精神的堅持，並期許更多人投入這項志業。

書中內容包含馬克思與恩格斯的革命經驗、左派經典文獻的誕生，以及討論馬克思以降的重要左派思想家。不僅是豐富且深刻的思想歷史分析，更是現今繁體中文書世界中，少數完整引介馬克思主義思想行動家葛蘭西的作品。作者不僅處理馬克思提出的經典課題與思想遺產，更藉由新的闡釋，革命性的召喚讀者「改變世界」的行動力。

## 斷裂的年代：二十世紀的文化與社會

*Fractured Times: Culture and Society in the Twentieth Century*

記錄「自由知識分子」黃金時代的逝去，本書討論古典音樂、美術、搖滾樂、雕塑等眾多議題。霍布斯邦分析藝術和極權主義的關係，並剖析各種文化和社會現象，包括超現實主義、新藝術運動、婦女解放，和美國牛仔的神話等。同時，他也觀察到二十世紀的文化與各式各樣新社會運動和意識形態之間，充滿著衝突與對抗的張力——不論從共產主義、極端國家主義到達達主義，甚至是傳播技術。霍布斯邦從文化與社會的角度解讀現代世界史，描繪出這個充滿不確定性、處處矛盾又爆炸性增長的二十世紀。

## 論民族主義（書名暫譯，即將出版）

*On Nationalism*

霍布斯邦終其一生密切關注民族主義的動向，他從未忘記高聲疾呼民族主義和愛國主義的荒誕之處。霍布斯邦大聲呼籲：「我仍然對各種存在的民族主義採取不喜歡、不信任、不同意以及恐懼的好奇立場，或許比起一九七〇年代有過之而無不及，但我確信它具有強大的力量，並認為必須盡可能地讓它更加先進。有時候，我們不能讓右派份子獨領風騷。」

總結霍布斯邦一生關於民族和民族主義的論文、評論以及著作的精華，他的洞見在其時代占據不容抹滅的重要性，也正是此刻我們迫切所需。若欲了解民族主義，此書是必讀經典。

16劃

## 14劃



## 15劃

## 13劃

## 12劃

**11劃**

**10劃**

## 9劃

**8劃**

## 6劃

**5劃**

# 中英索引

歷史選書 55

**霍布斯邦看21世紀**

全球化、民主與恐怖主義

*Globalisation, Democracy and Terrorism*

作　　者／艾瑞克・霍布斯邦（Eric J. Hobsbawm）
譯　　者／吳莉君
責任編輯／余思、胡金倫（初版）、許月苓（二版）
主　　編／林怡君

國際版權／吳玲緯
行　　銷／巫維珍　何維民　吳宇軒　陳欣岑　林欣平
業　　務／李再星　陳玫潾　陳美燕　葉晉源
編輯總監／劉麗真
總 經 理／陳逸瑛
發 行 人／涂玉雲
出　　版／麥田出版
10483臺北市民生東路二段141號5樓
電話：(886)2-2500-7696　傳真：(886)2-2500-1967
發　　行／英屬蓋曼群島商家庭傳媒股份有限公司城邦分公司
10483臺北市民生東路二段141號11樓
客服服務專線：(886) 2-2500-7718、2-2500-7719
24小時傳真服務：(886) 2-2500-1990、2-2500-1991
服務時間：週一至週五09:30-12:00、13:30-17:00
郵撥帳號：19863813　戶名：書虫股份有限公司
讀者服務信箱E-mail：service@readingclub.com.tw
麥田網址／https://www.facebook.com/RyeField.Cite/
香港發行所／城邦（香港）出版集團有限公司
香港灣仔駱克道193號東超商業中心1樓
電話：(852)2508-6231　傳真：(852)2578-9337
E-mail：hkcite@biznetvigator.com
馬新發行所／城邦（馬新）出版集團【Cite(M) Sdn. Bhd. (458372U)】
41, Jalan Radin Anum, Bandar Baru Sri Petaling, 57000 Kuala Lumpur, Malaysia.
電話：(603)9057-8822　傳真：(603)9057-6622
電郵：cite@cite.com.my

封面設計／廖勁智
印　　刷／前進彩藝有限公司

初版一刷／2008年11月1日
二版一刷／2021年6月1日

定價／320元
ISBN／978-986-344-954-6

國家圖書館出版品預行編目資料

霍布斯邦看21世紀：全球化、民主與恐怖主義／艾瑞克・霍布斯邦（Eric J. Hobsbawm）著；吳莉君譯. -- 二版. -- 臺北市：麥田出版, 城邦文化事業股份有限公司出版：英屬蓋曼群島商家庭傳媒股份有限公司城邦分公司發行, 民110.06
面；　公分. --（歷史選書；55）
譯自：Globalisation,democracy and terrorism.
ISBN 978-986-344-954-6（平裝）

1.全球化　2.民主主義　3.恐怖主義　4.社會變遷　5.國際關係　6.二十一世紀

552.1　　110006672